识干家

企業閱讀　學以致用

招聘面试
用提问得到真相

陈硕 ◎ 著

中华工商联合出版社

图书在版编目（CIP）数据

招聘面试：用提问得到真相／陈硕著．—北京：
中华工商联合出版社，2021.12
ISBN 978-7-5158-3183-1

Ⅰ.①招… Ⅱ.①陈… Ⅲ.①企业管理—人事管理
Ⅳ.①F272.92

中国版本图书馆 CIP 数据核字（2021）第 213057 号

招聘面试：用提问得到真相

作　　者：陈　硕
出 品 人：李　梁
责任编辑：于建廷　效慧辉
装帧设计：韩仁杰
责任审读：傅德华
责任印制：迈致红
出版发行：中华工商联合出版社有限责任公司
印　　刷：河北宝昌佳彩印刷有限公司
版　　次：2021 年 12 月第 1 版
印　　次：2021 年 12 月第 1 次印刷
开　　本：880mm × 1230mm　1/32
字　　数：157 千字
印　　张：7.875
书　　号：ISBN 978-7-5158-3183-1
定　　价：68.00 元

服务热线：010－58301130－0（前台）
销售热线：010－58301132（发行部）
010－58302977（网络部）
010－58302837（馆配部、新媒体部）
010－58302813（团购部）
地址邮编：北京市西城区西环广场 A 座
19－20 层，100044
http://www.chgslcbs.cn
投稿热线：010－58302907（总编室）
投稿邮箱：1621239583@qq.com

导　读

机缘巧合，五年前的我，从企业管理者转型为咨询顾问，进入企业管理咨询领域，逐渐深入了解了国内企业的生存与发展现状。

在逐步了解企业、帮助企业的过程中，我越来越深刻地感受到，不少企业往往将招聘定义为“单纯”地招人，以招聘结果论英雄。然而，招聘结果所体现的招聘能力只是组织能力的冰山一角，招聘的行为与结果所牵引的企业内在动力与文化底蕴，才是企业招聘能力的真正体现。

招聘面试往往是企业招聘行为中必不可少的环节，是产生招聘结果的“引流”环节，更是企业直观判断候选人是否符合企业用人标准的关键环节。面试官与候选人在面试过程中的交流，是“观颜值”，更是“闻味道”。怎样在短时间内探知候选人的“味道”，是企业面试官必备的本领。

本书内容，以“面试提问”穿针引线，从应届毕业生、职员、中层管理者、高管等常见的管理职级进行分类，分别讲述各职级适用的面试提问方法与技巧，用“问”与“答”的直观方式了解、剖析候选人语言背后的思维逻辑与个人特质，匹配企业需求，并为构建企业人才梯队的能力进阶夯实基础。

本书特色是以“职场故事”为案例，分类阐述企业如何有效匹配人才能力，以“人才发展十力”为基本能力参考，帮助企业快速进入胜任能力通道，找到选人的“快捷键”。

希望本书能为成长中的各类企业提供招聘中有实践价值与意义的面试参考，实现招聘能力的进阶，助力企业的文化落地与组织创新，从而完成企业整体组织能力的迭代。

因能力与水平所限，书中难免有待推敲与商榷之处，欢迎前辈、同行与广大读者提出宝贵意见，共同推进企业组织管理能力的持续发展。

推荐序

关于招聘，其实就是如何“识人”“断人”，根据单位的用人要求，找到最符合其短期和长期发展需要的人才。

因为做过近30年的招聘，所以，陈硕让我提点意见和建议。看完本书后，只是从“市场化”角度给了一些建议，内容上真是没有可建议的——挺好，挺实用。

这不是一本教科书，而是一本实操性很强的工具书，没有教科书的系统和知识面，而是更实用化的技巧和工具，几乎招聘涉及的每项工作的具体节点都有案例。如果你负责招聘工作，可能遇到不同的难题，但把这些案例都汇总、看懂，基本上你就可以融会贯通解决其他的未知难题了。

对于需要打磨招聘技巧、技术的人来说，本书从应届毕业生招聘到社会招聘，从中层管理岗位到高管岗位，提供了全面的评价方法，可以给你很大帮助，让你从不会到会，从会到巧，其中的很多方法和工具，完全可以拿来就用。

张杰贤

全职招聘集团创始人、CEO

中华英才网创始人

中国人力资源开发研究会人力资本服务分会副会长

四川大学全球校友创业家联谊会常务理事

目 录

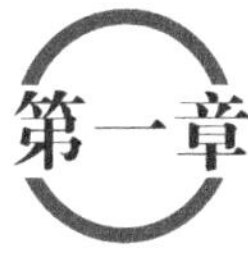

第二章　应届毕业生招聘技巧

第三章 职员招聘技巧

第四章 中层管理者招聘技巧

第五章　高层管理者招聘技巧

第一章

企业招聘的作用与误区

第一节　招聘在企业管理中的作用

招聘，不仅是企业日常经营管理的需要，更是人才管理的重要环节。如果说满足日常岗位需求是招聘的规定动作，那么实现企业人才队伍的搭建、创造人力价值体系就是提升招聘难度系数的加分项，也是企业与企业之间逐渐出现发展快慢差距的原因之一。

招聘工作，不再是以往人们认知中简单的浏览筛简历、通知候选人、组织面试沟通与办理入职手续的机械性工作，而是服务于企业持久发展、贯穿企业管理体系的系统性工作，是实现企业人才培养与队伍建设的重要步骤，是企业人力资源系统管理的关键环节。

企业招聘的本质，是突破惯有因岗招人的短线思维范式，做个人成长与企业持久发展的长线匹配，成为企业吸纳人才的检票口与培养人才的起跑线，以人才为载体，成就企业冲刺每一阶段发展目标的耐力与动力。

企业招聘的作用，由浅入深依次体现为以下四个方面：

一、填补缺位

填补缺位，保障企业正常工作，是招聘工作的首要原因。不论是因员工离职造成的岗位补充，还是业务发展需要新增部门或岗位编制，都是保证企业以实现年度计划与目标为己任的招聘“刚需”，往往也是多数企业招聘的普遍原因。填补岗位空缺是维持企业正常工作节奏与效率的招聘“规定动作”，也是招聘最显而易见的作用。

二、吸纳人才

发现并吸纳人才，优化企业优质人才结构，是实施招聘的第二个原因。人才密度（高绩效员工与全体员工总数的占比）可直观体现企业内部绩优者与普通者的人数比例，是企业考察现有人才结构的指标之一。任何企业都希望自己的员工“人才”更多、“庸才”最少。招聘是帮助企业寻找吸纳外部人才、提高优质人才比例的有效方式。

三、构建梯队

构建人才梯队，实现企业经营战略落地，是实施招聘的第

三个原因。企业发展看两点：一是经营效益的提高；二是人才队伍的壮大。实现企业长期与短期的战略目标，依靠的是企业各职级、各岗位的全体员工。他们每个人都是企业人才梯队中不可缺少的一员，都为企业贡献着人力资本价值。他们只有岗位不同，没有地位差别。招聘，正是完善企业人才梯队、保障企业战略持续落地的必要途径。

四、助力文化

助力文化，强化企业价值观与正能量，是实施招聘的第四个原因。企业文化是“星星之火，可以燎原”的火把，是全体员工众志成城的行为标准。招聘，可通过筛选匹配企业文化的候选人，培养成为企业稳定持久的合作伙伴，强化企业文化与价值观，助力企业组织能力的全面提升。

因此，人才招聘在企业发展中起着由点到面（个体到组织）、由实至虚（岗位至文化）的重要作用。但是，企业在想方设法寻找招聘捷径、提高招聘效率的同时，经常无意踩入的招聘“雷区”对于中小企业来说同样不可小觑。

第二节 企业招聘常见的误区

在做企业咨询顾问的过程中，经常有老板问我：“为什么我们公司招人这么难？不是招不来，就是招来了待不住：短则一两个月，长则一年就离开。公司更像培训学校，刚上手就走人。”

企业招聘看似容易，但出手就错，似乎总在“雾里看花”，原因就在于没有真正找到招聘工作的重点与难点。本节内容先从企业经常“无意识”踏入的误区谈起。

一、误区一：守株待兔

不少处于初创期的企业在招人时，总希望找到独当一面、有岗位工作经验的候选人。但是，对于初创企业来说，碰到主动“撞木桩”的兔子基本是小概率事件。一方面此时的企业普遍薪酬待遇不高，甚至有时只是市场中相同岗位的中低水平；另一方面公司发展伊始，前景不明，艰难爬坡，前途未卜。在“物质”激励与“愿景”激励的“木桩”都不具备明显优势时，

“坐等”拿来就用的满意求职者，往往是希望越大，失望越大。

【案例故事】初创公司销售员的招聘困境

一家成立刚满三年的公司，有三位创始股东，都曾是行业内资深销售总监；公司代理的产品也是行业内的中高端品牌。三个股东各自的客户较稳定，产品销量也在逐年稳步增长，发展势头不错。但因为他们代理的产品属于行业中的细分领域，销售员不仅要熟悉行业情况，还要有化工类专业学科的背景，这样可以对产品有更深层的理解，为客户讲解时也会入木三分，加深客户的印象。

正因为如此，销售员尤其不好招。了解行业的，一般会选择业内知名企业或大企业；学化工类专业的，更多会考虑从事实验室研发或在生产一线做技术工作，不会选择销售岗位。

用股东自己的话说：“公司这几年的销售额几乎都是三个股东完成的，招来的销售员不是学不明白，就是嫌待遇低，来来往往换了十几茬，没有一个销售员工作超过一年。”

就招聘渠道来说，公司基本都是从社会上招聘销售员。在他们几个股东看来，行业内有经验的销售员起步快，进公司后好培养。但因为公司刚起步，为控制成本，销售员的待遇也不会太高。

诊断后，给公司的建议是：跟相关专业的高校合作，作为学生的实习基地，招用应届毕业生。

公司采纳了实习建议。在与某高校合作的一年期间，留下来的三名大学生，慢慢成为他们几位股东满意的销售苗子。

当公司满心欢喜地从行业中找来具有相同岗位工作经验的候选人时，只是从企业角度的认知，而不是换位从应聘者的角度思考。水往低处流，人往高处走。应聘者换工作的动机虽然各不相同，但都希望下一份工作最大限度地帮助自己提高工资待遇，实现职业成长。对于多数已在行业内其他企业工作了几年的求职者，加入初创企业需要极大的“勇气”——“捆绑”自己的职业发展与公司的未来前途，某种程度上说，是拿“青春”赌明天。因此，对于多数不愿承担职业风险的在职求职者，初创期企业的客观现状会让他们敬而远之；即使当初怀有美好憧憬与自信加入的年轻求职者，虽已入职，也会随时间的推移递增心理落差，最终还是会选择离开。

培养新人是初创公司在招聘之前应首先明确的定位，尤其是与高校紧密合作，成为行业内对口高校的专属实习基地，在每年不间断输入的实习学生中选择好苗子重点培养。这样的招聘尝试，一方面可以为刚出校门的大学生提供工作机会，即使是初创企业，对于应届生而言也是社会大课堂，是他们从校园迈向社会的最佳实践，为他们的个人简历增添浓墨重彩的一笔；另一方面对于企业来说，招聘应届生是“降维打击”，以他们相对陌生的企业环境与行业优势让他们的好奇与主动，成为可供企业筛选的后备新生力量。

二、误区二：刻舟求剑

对于不少“小而美”的成熟期企业，公司发展稳定，员工离职率低。公司招人，或者是因为个别员工离职，需要替补岗位；或者是因为增加了业务板块，加大了工作量。此类企业如果招聘难，大多是企业与求职者的发展匹配方面出现了问题——公司自身的“客观”发展阶段与人才培养速度，无法匹配求职者“主观”的成长意愿，候选人自我成长的进步“刻度”能否与企业发展的节奏持续动态匹配，是企业在招聘时首先需要考虑的问题。企业不应只为当下空缺的岗位招人，还应考虑自身培养人才的规划与速度能否吻合求职者的自我成长速度，否则就会出现即使招到满意的人才也会离开的情况。

【案例故事】留不住的总经理助理

一家业内知名的港资公司，坐落市中心 CBD 地段，虽然总部只有一百多人，但不论是薪酬待遇，还是办公楼内高调奢华的装修，都是不少白领心仪的外资企业。

一次，公司需招聘一位总经理助理，经过简历筛选、人力资源部面试推荐及老板终试，最终确定了斯文精干的刘总入职。这位颜值、智商、情商“三高”的刘总每天都笑盈盈地跟公司每个人打招呼。

但让公司所有人没想到的是，一个月后他竟然离职了。作为职场新人的招聘专员一直没想明白：公司怎么就没留住他？

听说老板面试后也很欣赏他，怎么这么快就离开了？带着疑问，她请教了部门经理。

部门经理听了她的疑惑，告诉她："他是当初推荐给老板的三个候选人之一，综合来看各方面条件都很好，但也是自己认为稳定性最没把握的，果然不出所料。"

招聘专员赶忙追问："你怎么判断他不会干长久的？"部门经理说："一是当初面试的直觉；二是你还记不记得咱们曾经和刘总一起加班吃饭的场景？"部门经理一说，她猛然想起，有一次集体加班的晚上，他们一同去餐馆吃饭。当大家坐下开始点餐时，部门经理一边看菜谱，一边貌似漫不经心地问他："刘总准备在公司待几个月啊？"她记得，当时刘总瞬间由笑容满面变成了不知所措的尴尬与窘笑。

部门经理接着说："刘总是一个目标性很强的人，善于学习，勤于思考，对自己职业发展有清晰的规划，成长也会很快。因此，他更适合规范化程度更高、对员工有明确职场通道的大企业。咱们公司虽然在业内小有名气，但是现阶段'小而美'的规模与不够完善的人才培养体系，根本满足不了他的成长目标，离开是必然。"

招聘专员听完，由衷地佩服部门经理洞悉人性的能力，也从中真切地体会到：招聘，真的没有那么简单。

案例中的刘总选择离开，究其原因，不外乎两点：一方面公司是为空缺的岗位招人，而不是为组织的战略发展招人，在招聘策略上并没有从长计议；另一方面公司没有建立完善、持续的人才培养规划，没有持久的人才供给储备。如“刻舟求剑”一般，“刻舟”停留只为求得“宝剑”；泛舟而上，当下停靠的水位与船之间的静态匹配只是暂时的，两者之间动态的同步与默契才是比肩同行的根本。

对于稳步发展的成熟期企业，应结合市场契机与战略定位做长期人才规划，搭建职业发展通道，与人才共同成长。如果只是希望为当下找到“对”的人才而没有“对”的成长环境，即使人才进了门，也很难稳定持久。

三、误区三：一叶障目

招聘中出现最多的现象便是“一叶障目”。企业因前任某岗位员工的突出问题或明显劣势，在找继任者时，会无意识地放大前任的缺点或短板，寻找完全相反或互补的求职者——“非短板”继任者。只要候选人具有前任所不具备的缺点，在考察候选人其他能力时，企业会不自觉地弱化或忽略，进入因前任岗位员工的突出“短板”而强调“非短板”招聘的死胡同。

【案例故事】“纠结”的出纳岗

一次，与一位创业五年的老板做咨询沟通时，她忽然话锋一转，对我说：“我这里的出纳前两天离职了，你能否帮我物色一个？”我问她：“出纳的招聘条件是什么？”她说：“别的我倒没要求，就是一定要有基本的逻辑思维，起码能把事情说清楚。”我一听，感觉这里面一定有故事，于是就笑着问她：“你这个条件好像很有内容啊！”她一脸苦笑地说：“刚离职的那个出纳是个毕业不久的大学生，本来以为找一个大学生做出纳，让公司的会计带一带，基础工作应该可以上手，也帮会计分担工作。结果，试用期内我就发现了问题：这孩子倒是肯学，就是说不清楚工作、思维混乱，根本没办法跟她沟通，更别提工作了。”

这家只有十几个员工的创业公司，招人的工作都是老板亲自上手。正因为老板对出纳的要求不高，是大学生就算合格，所以招聘过程基本是见了人就上岗。但是，试用期内接连出现的诸多因沟通产生的麻烦让她头疼不已。于是，在这名出纳离职后，选择出纳岗的新人时，把“具有良好的沟通能力”作为首选条件。

之后，公司通过招聘平台招到了一名工作半年多的出纳，沟通能力很强，情商也不低，但是这个当时老板感觉不错的女孩，也只工作了两个月便离职了。

后来，我与老板提到此事，她告诉我：“这个女孩太会讲话了，不知道哪句真、哪句假。毕竟她做的是财务工作，为了不节外生枝，还是让她在试用期内离开了。”

因空缺岗位前任的缺点，造成企业招聘选拔同岗位时的片面与短视，这种现象在中小企业中不算少数。“非短板”的应聘者好找，“匹配”的应聘者难寻。

创业老板在管理上出现的问题，往往是亲身感受后才有深刻的体会。相信经过这件事，这位老板已经清楚地知道：不能以偏概全地考察应聘者，更不能主观放大某方面的能力、忽略其他问题，因为结果往往是期望越大，失望也越大。

四、误区四：管中窥豹

如果求职者在面试中凸显的个人优势，恰巧是企业现阶段急需的岗位能力或技术，通常会让企业“眼前一亮”——“众里寻他千百度”的等待，今日终见“灯火阑珊处”的“回眸”。如同管中只窥一斑，用感性代替理性，不再根据企业的用人标准进行冷静客观的综合评价，而只看到应聘者的“准长板”优点，甚至跳过制度，直接入职上岗。最终，难免会付出看走眼的代价。

【案例故事】“重点培养”的技术主管

一家代理某国外高端仪器设备的公司，急需一位懂英语、懂技术的技术主管熟练掌握该设备的使用与说明，不仅对内可以培训公司的全体销售员，对外还可以协助销售部做技术讲解与技术支持。

在一位内部高管的推荐下，公司招聘到一位甲方客户的技术人员张某。因其懂技术，英语也不错，被老板一眼相中，面试一次后便很快办理了入职手续。但在张某办理入职手续、填写各项入职信息时，其中一张表的“社保与公积金的转入时间”

一栏，填写的却是“无”。经人事部门询问，才知道其现工作单位是国企，他目前是“停薪留职”，并未办理离职手续，现单位仍在继续缴纳社保和公积金。但他一再承诺，很想跟公司一起长远发展，半年到一年，一定会亲自向单位领导提出辞职，把所有手续都转过来，和公司共同奋斗。

就这样，老板不仅为张某的入职一路开绿灯，还在其试用期内公费送他去国外的厂家总部进行了为期半个月的全面培训，希望他尽早熟悉公司的产品与业务。

入职后的张某状态的确不错，工作积极主动，学习热情也很高，尤其从国外回来后，帮老板解决了不少之前的技术难题。

但好景不长，老板发现了他突出的“独立个性”。作为技术主管，不仅在部门内不与同事分享学到的技术知识，还处处表功，把老板对他的培养当作理所应当，工作中经常带着很强的个人优越感，与同事很难相处。

最终，入职不到半年，老板还是决定放弃这位技术主管，与其协商解除了劳动合同。

任何企业，招聘无小事。任何一位进入公司的员工，都会为企业带来不同的个人能量。负能量如水中涟漪，一石激起千层波，如果这样的负能量潜移默化地影响其他员工、动摇企业文化，最终承担后果的还是企业自己。冷静评价、综合考察、合规入职，是企业在招聘过程中需要修炼的内功。

五、误区五：叶公好龙

有些创业初期的企业，招聘核心高管或骨干人才时，不是重点关注人才的专业水平与技术实力能否为企业带来货真价实的产品成果与市场业绩，而是为了初创公司的品牌宣传与影响，好大喜功地招聘某领域内有一定知名度的人才成为公司高管或合伙人。招聘入职之后，“如此”人才不免会与老板心生间隙——老板为“虚荣”买单，人才成了“鸡肋”。此时，为长远考虑，不少创业老板会选择终止合作；若双方协商不成，甚至会两败俱伤。

【案例故事】“情投意合”的技术总监

大众创业、万众创新的社会大环境催生了很多创业尝鲜的年轻人。创业者王总，三十岁出头，精力旺盛。在他创办公司的初始团队，曾发生过一件事：

王总创业起于一个理念，但运气好，开始就有人注资两百万元，开始了招兵买马的创业之路。

因是互联网行业，王总挖来同行业中资深技术总监席总，以合伙人的身份加入。

王总看好席总，一来是因为他是互联网技术“大拿”，十多年的技术经验对于王总这样的初创公司绰绰有余；二来席总自带流量的知名度就是移动的“名片”，无形中为王总的初创公司做了广告宣传。

但是，入职后不久，王总发觉席总并没有他所预期的工作状态。在大公司习惯了养尊处优与团队簇拥的席总，在碗掉地上只能自己一片片拾起来的初创公司，极不适应现阶段的“拓荒”工作，还是延续大公司的开例会、分任务、听汇报与做指示工作方式。这使得手忙脚乱的下属们敢怒不敢言，不仅工作效率低下，公司氛围也降到冰点。

王总在与席总深度沟通之后发现，多年身居高位的席总，已经找不回当年“小白”的谦虚与拼搏，自认为不论是年龄还是资历，都已不适合重拾耗费体力与脑力的技术基础工作，而是更适合做技术管理。同时，王总当初以“合伙人”相邀，在他看来，本身就是高管身份，做技术指导与管理监督是情理之中。

席总的状态让王总很失望，当初两人的“情投意合”被现实击碎，开始了拉锯谈判。最终，两人不欢而散。

公司的核心竞争力犹如定海神针。初创公司招募的团队高管，必然要帮助企业快速建立核心竞争力，用实力尽快、尽早在市场上占据一席之地。市场犹如战场，高管队伍的“马首”效应会放大每一位高管的实力不足与认知短板，当“彼”高管已然不能担当“此”高管，因盲目虚荣导致的错招后果，不仅是空耗成本、多走弯路，还会拖延初创企业度过生死存亡期的时间，甚至会波及公司战略。埋头实干、任劳任怨，才是初创企业高管应有的品质。

六、误区六：逐末离本

快速成长期的企业，通常会在这个阶段大量招人，业内成熟人才尤为抢手，不论是业务大拿还是技术精英，都是让老板们眼前一亮的目标人选。但是，候选人过往的光鲜成就与经验，并不能作为招聘时考虑的首要因素，否则企业会因此舍本逐末、因小失大。

【案例故事】老板猎“拍档”

一家中型科技公司初期创业维艰，几乎每个大客户都是老板亲自上阵。在发展步入正轨后，老板希望能有团队“拍档”与他并肩作战，分享业绩与成就。于是，他看好了两位业内其他公司的高管，并将其联系方式提供给猎头，让猎头帮忙交流，希望能说服他们加入公司。

但是，猎头的沟通并不顺利。这两位业内高管在与猎头进行电话沟通时，虽然语气还算友善，但最终的态度都是不会加入。

之后，老板总结了三个失败的原因：

第一，既然找的是业内大咖，他们一般不会轻易离开已经给了他们名与利的平台，何况他们目前的公司比自己的公司有名，收入也更稳定。

第二，他们能够成长到今天，现在的平台一定给了不少成长机会。如果他们到自己这里，相当于重新开始，改变环境的不确定性太大。

第三，最重要的一点，他们的价值观。如果他们与自己一样，希望通过年轻时的打拼拥有一份喜欢、热爱的事业，他们起码会答应见面，自己也一定会带着诚意与他们谈。但是，他们根本没打算离开，更没有给自己见面的机会，说明他们压根儿没有考虑过创业。招聘高管，三观一致的人才是“拍档”合作的基础。

之后不久，一位已经认识了六年的业内销售高手，也是他的业内老友，加入了公司。两人一拍即合，不但工作中分工互补，而且价值观一致，两人在工作中很默契。

老板告诉我，这才是他想要的“最佳拍档”。

处于快速成长期的企业吸引成熟人才，尤其是优秀合伙人时，一定要找与创始人具有趋同价值观的人才，这是创始团队能够持久前行、合作共赢的根本与基础。

第二章

应届毕业生招聘技巧

企业招聘应届毕业生，是搭建人才梯队的提前布局。对学生而言，可以在他们步入职场的起步阶段“先入为主”地适应公司、融入公司；对企业而言，更是为后备力量筛选苗子，从中选拔优秀人才、重点培养，使其成长为未来的骨干人才。

应届毕业生的招聘，人力资源部按照日常招聘流程填写《招聘需求申请表》（见附录）并参照所招岗位的《岗位说明书》（见附录）编写发布的招聘信息之后，便进入应届生校园招聘的实践环节。

第一节　校园招聘的合作方式

对于发展稳定的大企业来说，招聘应届毕业生是人力资源部每年的“规定动作”，已作为成熟的工作流程列入年度计划；而对于不少初创期与快速发展期的中小企业来说，因规模与待遇所限，应届生往往是他们重点招聘的一类人群。校园招聘，作为招聘应届生的重要渠道，每年招聘季都会“如约”在各高校遍地开花。但因校园招聘的季节性较强，若错过当年各高校集中举办招聘现场会的时间，就只能在各主流招聘网站或平台“捡漏”。因此，有选择地与相关高校建立长期稳定的联系，关注高校动态信息，保持校企互动，是有效的校企合作方式。

可借鉴以下三类：

一、关注高校活动

高校为吸引社会上的优秀企业选择本校毕业生，会定期举办全校“招聘风采大赛”等相关活动。企业可主动参与其中，以人力资源从业者的身份，运用自己的职业经验，帮助学校顺利完成活动的评审工作，如筛选学生简历、参与面试等。期间与应届生的亲密接触，更是获取一手面试信息与优秀学生简历的绝佳机会。

尚未打开知名度的中小企业也能够参与此类高校活动，企业中的人力资源从业者也可亲临比赛现场，观摩、了解当下高校应届生的求职需求与状态。

【案例故事】校园招聘大赛的启示

在企业从事人力资源管理工作期间，我曾参与一场北京某高校的校园招聘风采大赛。校方从几百份简历中筛选出进入复试的10组简历，每组10份，我负责面试其中一组的10名学生，通过面试与点评，推荐其中的2人进入全校的面试决赛。

当晚，经过近3个小时的一对一面试，又逐一做了点评，最后筛选出两名学生参加了校方的全校决赛。这两名学生都是女孩子，她们不但在面试过程中谈吐得体、语言简练，而且对自己的未来思路清晰，也明白自己的优势与喜好，有规划地将自己的专业优势与职业兴趣结合，是面试官满意的职场“潜力股”。

其中一个女孩就读研究生三年级，马上面临毕业。我有意识地问了她一句：“想不想今年找个实习单位，或者适合你专业的兼职工作？”她当时眼睛都亮了，立即说：“老师，这当然好了！我现在可以实习，兼职工作也行。”

之后，我把这个女孩的联系方式推荐给了一位在金融圈打拼多年并且已有自己团队的闺密。闺密与她见面之后，很是满意，欢迎她去实习。

二、接纳学生实习

企业可以与行业或专业关联度较高的高校与院系保持稳定的合作关系，主动接纳少量学生来公司实习，使应届生更早熟悉企业，多一个就业选择。同时，企业在学校网站、微信公众号等社交媒体的频繁“刷脸”亮相，也是企业品牌的无形宣传，可逐步扩大在定点高校的知名度。

【案例故事】上市公司的定向校招

一家上市公司因行业领域较窄，实习生尤其不好招。人力资源部为招聘投融资部的实习生，与北京几所行业所属高校的MBA就业中心洽谈了校企合作，不仅帮助公司发布了线上实习生信息，还在校园内的宣传栏中张贴了公司招聘实习生的海报。

接下来的几周，公司陆续收到在校学生的咨询电话与邮箱简历，有本科生、硕士生、MBA，甚至还有博士生。通过简历筛选与面试，公司最终选择了年轻的博士闫涛加入公司实习。

之所以选择闫涛，不仅是因为他本科所学专业属于上市公司的行业领域，更难得的是，他的博士研究方向就是所属行业的投融资，与投融资部的项目领域极为契合。入职实习期间，因本科专业的基础扎实，他很快了解并适应公司的业务与管理流程，有了基本的概念认知。

虽然闫涛从事的是部门内的数据统计、分析等基础工作，但他认真的工作态度与扎实的专业功底给每位同事都留下了好印象。三个月的实习期即将结束之时，部门经理主动找他谈话，希望他毕业后加入公司，成为上市公司的正式员工。

定向校招不仅帮助公司聚焦招聘人群、缩短招聘周期，还给闫涛这样的应届毕业生提供了更精准的简历投递与实习机会，在求职之路上走捷径，可谓人企“共赢”。

三、担任职业顾问

企业中的人力资源管理者还可与高校建立业务关系，担任他们的学生职业发展顾问，与学生多互动、多了解的同时，也是提高人力资源管理者自身实践能力的机会。

【案例故事】MBA学生的职业困惑

担任MBA企业导师的身份，让我有了更多了解MBA学生群体的机会。一次，一位上市公司的总经理助理也是在职MBA找到我，向我咨询职业发展的问题。

她说自己是三年前从公司的人力资源部经理提拔到目前的总经理助理职位，同时仍分管人力资源部。她在这家公司工作快十年了，感觉目前的职位就是职业“天花板”，已经没有晋升的空间。公司人力资源部的工作每年都是周而复始的内容流程，自己也不知道在人力资源专业领域还有什么成长，以及怎样带领整个部门一同成长。

结合自己的年龄和工作经历，她为自己MBA毕业后规划了三个方向：第一，在毕业之前考公务员，趁年轻进入体制内工作；第二，与几个不错的伙伴一起创业，做大学生的职业规划与就业社群；第三，仍然在上市公司工作，但自己需要突破，要有创新的工作领域与工作内容。

我问她：“为什么会有三个完全不同的方向？每个方向有什么样的初衷？”

她吞吞吐吐地说：“考公务员是MBA同学的建议；创业的想法是身边几个不错的朋友希望我毕业后一同加入，目前这个项目已经起步；在上市公司继续工作，不过是延续我目前的工作状态，但是，我目前找不到突破与创新的思路，没有目标。”

我忽然明白了她为什么要考MBA。当工作的憧憬与激情被现实一点一滴吞噬、再无浪花，高校或许是一个不错的避风港，让烦恼暂时搁浅，继续葆有远方的希望。

在我看来，她所说的三个方向是三个完全不同的人生状态，也是不同的人生价值释放方式。我对她说：“在你决定走哪条路之前，先想清楚自己的人生目标。叩问内心三个问题：从事什么工作让自己开心？什么样的生活是自己最想要的？自己毕生追求的人生目标与使命是什么？想清楚了，方向就有了。”

通过以上三种方式，既能提高招聘企业与合作院校的互动率与曝光率，强化企业雇主品牌影响力，又有利于企业人力资源从业者自身能力的积累与历练，练就招聘的“火眼金睛”。

第二节　四季面试步骤

寒来暑往，秋收冬藏。四季带给我们的主观感受借用招聘面试，即为“四季面试法”。

“四季面试法”是指在面试沟通过程中，面试官将“四季”对人们的心理感受与自己提问的语言技巧相结合，带动面试氛围，层层递进，让应聘者可以轻松、客观、真实地展现自己，达到互相熟悉、深入了解的面试目的。

“四季面试法”不仅适合面试应届毕业生，对于招聘职场“小白”或工作时间不长的社会在职人员，也是不错的借鉴。

“四季面试法”共分为四步。

一、开场——春暖花开

应聘者进入企业面试，初见面试官不免紧张。此时，面试官的微笑“破冰”可缓解应聘者的紧张，使其放松。方法主要有两种：

（一）寒暄

面试官首先关心一下应聘者的，如“是坐地铁来的吗？路上时间长吗？”或者说：“今天有点冷，你冷不冷？我把会议室的空调温度调高一点。”

如此问候可缩短应聘者与面试官的心理距离，表现出面试官的亲和力，也让应聘者可以很快放松下来。

（二）问候

寒暄过后，考官可用轻松的语气简单询问一下应聘者目前的学习与工作情况，如：“现在学业忙吗？这时候你们应该准备毕业答辩了吧？”

如果应聘者是社会在职人员，可以问“目前工作忙吗”，或者“你们是不是刚报完财务季报？加班了吗”。这样的询问，也是让其放松的一种方式。不论是学校还是工作单位，都是应聘者熟悉的环境，让他们先开口说自己日常熟悉的事，会让他们感到亲近、温暖。

寒暄和问候环节，其实是破冰、暖场的环节，称之为“春暖花开”。在缓和、放松的面试环境中，营造春日暖阳般的面试气氛。

二、引入——同沐骄阳

开场之后，面试官进入正题，也是沟通的第二步——引入环节的“同沐骄阳”。

此部分是企业与应聘者相互全面了解的关键环节，也是深度探究应聘者相关能力的环节。将此处称为“同沐骄阳”，意为面试官与应聘者在共同的骄阳烈日般提问与回答中揣度深层信息，观察应聘者如被炙烤般提问之后的真实状态，表现出内在的个性与能力。

此部分内容将在本章第三节“能力识别与沟通技巧”中作深入阐述。

三、互动——秋思感想

通过面试的前两个环节已了解到应聘者的基本情况与能力特点。此时，面试官可初步识别出第二个环节“同沐骄阳”中表现不错的应聘者，并在第三个互动环节做更加深入的了解和交流；对于不理想的应聘者，可在引入环节的最后，直接礼貌地结束面试，不再进行第三环节的深入交流。

第三个互动环节定义为“秋思感想”，是指面试官着意获知应聘者所思所想的环节，主要体现在两方面：

一方面是其现阶段的个人自省与感悟，不论是学业还是生活。一个勤于思考并不断自我批判、自我突破的应聘者，往往最受面试官的青睐。

以应届生为例，考官可以这样问：“你已接近毕业，对于大学四年的生活能否总结一下得与失？”或者：“你参加了学校两三个社团，有什么收获？”

对于工作了几年的在职人员，可这样询问：“你已经工作了两年，对于这两年的工作感受，能否总结一下得与失？”或者：“你参加完刚才说的这个项目，有什么收获？”

一个能够深度剖析自己的得失，并能够真实、客观地展示与分享的应聘者，是企业优先考虑的候选人。

另一方面是展现个人价值观与人生观。不论是应届毕业生还是在职人员，作为成年人，对社会及人生往往已有自己独特的理解与思考。企业可对标自身文化，做相应人才匹配。

比如企业崇尚开放、平等、民主的合作型文化，招聘的新人最好有较强的学习力与自控力，能够主动、自觉地完成工作任务，并能够主动与他人交流合作。如果企业倾向服从与执行的控制型文化，那么应聘者有较强的专注力与执行力则更具优势，同时认同控制型的企业文化，相信企业的高效运营可以高效地统筹团队，帮助个人快速成长。

四、结语——冬望远方

如果说引入环节是讲述过去，互动环节是谈及当下，那么结语环节就是展现未来。企业招聘，不仅是为岗位招人，更多的是招聘可以同企业一起持久成长与发展的后备人才，候选人的职场期望与企业的发展能够契合尤为重要。

面试官可提及以下问题：

“能不能分享一下，你是如何规划自己参加工作的前三年的？”

“能否讲一下你的职业定位，还有你希望公司提供什么样的平台帮助你成长？”

在问及个人职业规划时，要结合企业的核心竞争力与未来发展进行提问。比如企业核心竞争力是技术，希望自己未来成长为技术专家的应届毕业生更具有明显优势。

冬日的寒冷使人清醒、理性。用“冬望远方”定义最后的结语环节，实则是企业在应聘者中寻找长期的培养目标，补充后备人才。

第三节　能力识别与沟通技巧

招聘中的面试沟通环节，是探知应聘者的个人能力与潜力的关键步骤。在短时间内了解并初步判断应聘者所具备的基本能力。对面试官来说，更是一项自身能力的考验。

通过多年对企业管理咨询的实战总结，对于应届毕业生应具备的通用能力，提炼为以下四方面：内驱力、学习力、自控力与专注力。相对应的面试技巧为“ISLA面试法”。其中“ISLA”，是内驱力、自控力、学习力与专注力的英文首字母组合。

一、内驱力

考察内驱力（Internal Drive），不可避免地要考察应聘者的原生家庭。每个人品性的养成，成长家庭是最重要的环境因素。不论成人之后离开父母多久，在语言、行为与思维习惯方面，仍是父母甚至家族的沿袭。即使工作之后，随着工作经验与社会阅历的增加，会有些许感悟与变化，但往往弹性有限。

面试官需巧妙地询问他们关于家庭的部分，探知他们工作的内驱力。

以应届生为例，可以问“你的父母赞同与支持你现在学的这个专业吗？他们有没有对你讲过，希望你将来从事什么职业”，或者“你现在谈的女朋友，你父母见过了吗？他们有没有对你将来的生活提出什么建议或要求”。这些看似与工作并不直接相关的问题，往往可以帮助面试官分析应届生的潜意识，作为面试内驱力的铺垫。

对问题的回复，通常体现为以下四类情况，这里分别以“自主驱动”与“父母驱动”为横轴与纵轴，如图 2–1 所示。

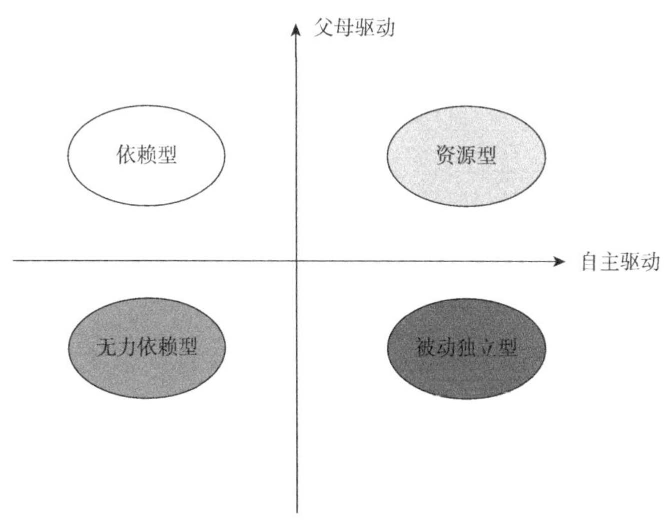

图 2–1　内驱力四象限图

（一）依赖型

依赖型的应聘者，父母通常会较多地参与他们成长过程中的点点滴滴，不仅提意见，希望孩子按照自己的想法与计划做事，甚至会在孩子的人生决策大方向上左右他们的思想。此类家庭成长起来的应届生，普遍的回答是："是我爸妈让我考的这个学校，这个专业也是他们帮我选的。""现在谈的女朋友还没有见我的父母，但是女朋友的情况我之前向爸妈谈起过，他们都很清楚，也是按照他们给我的建议找的现在的女朋友，我觉得他们应该会同意。"

相对被动的内驱力，使得他们不论是生活还是工作，会依赖父母的意见，父母的想法与言语是他们行动的方向。如果父母的思想较为传统，希望孩子少吃苦、少受累，或者是在业内知名企业与体制内企业找一份相对稳定的工作，这类应届生更多的是流向大企业，尤其不适合创业初期的中小企业，即使入职了，也往往会受到父母的极力干扰——他们不过是正在成为父母希望成为的那类人，过上父母希望的生活。

【案例故事】女高管的"艰难"岁月

一位女高管曾在某知名企业工作了十二年，从基层销售代表一路狂奔，历任主管、大区经理、大区销售总经理等职务，并以公司第一位个人收入过百万的骄人业绩被称为"女百万"，做到了大区 HRBP 的高管职位。

在她的一次公开课上，分享过这样一段职场经历。

当年的她，因业务能力超强而"被升职"，从基层的业务代表升至部门主管，开始招兵买马、组建团队。

刚开始招聘销售团队成员时，没有任何管理经验的她倾向招聘当地生源的应届生。在她看来，一来他们的家都在当地，可以为个人省下不少的租房费用；二来都是本地人，大家应该更好沟通与管理。

于是，她第一年招聘的年轻销售队伍，是清一色的本地应届毕业生。踌躇满志的她，白天带他们拜访客户，学习业务流程；下班后又手把手地传授销售经验，解答问题，给大家鼓气。

但是，在他们三个月的试用期期间，她近乎忘我地投入，并没有换来当初期待的进步。她渐渐发现，这些应届生普遍缺乏主动工作意识，不论是学习产品知识还是拜访新客户，都是推一推动一动，没有上进与拼搏的劲头，更缺乏吃苦耐劳的奋斗精神。这让她很苦恼，但不知道问题出在哪里。

直到后来，在与一位应届生聊天时，她忽然明白了其中的缘由：这些当地生源的应届生，在父母眼中都是“宝贝疙瘩”。销售工作的辛苦，父母看在眼中，疼在心里。

他们晚上回到家，父母就苦口婆心地劝他们不用这样奔波，可以帮他们换一份轻松的工作，找个女朋友尽早结婚。就这样，她白天的“激将”与父母晚上的“安抚”，让这些应届生生活在“拉锯战”中。

最终，拗不过父母的他们，在试用期结束前后，相继选择了离职。当年，春节前的最后一周，她在最后一名离开的应届生递交的《辞职申请》上面签了字。

从那之后，她的团队没有再招一名当地的应届生。

（二）无力依赖型

依赖型的应聘者，是以父母有能力帮助孩子为前提；对于更多通过“跃龙门”进入高校并只能靠自己选择工作的应届生，他们的父母大多没有可以帮到他们的认知与能力，可以适时提点自己的孩子。

如果应聘者的人生目标不高，只满足工薪收入，那么工作求职不过是其谋生的手段。此时，闭塞的家庭环境、平淡的校园生活与单纯的世俗追求，往往使他们更看重眼前利益与短期目标。这类应届生属于无力依赖型。

他们通常具有平缓的内驱力，虽然没有持久高亢的进取激情，但也不至于不行动。找工作时更多会采取观望态度：以企业规模与发 Offer 的时间顺序考虑是否入职；入职后也是边干边看，起码每月都有实实在在的收入养活自己。此类应届生会将企业的品牌、规模与稳定发展作为选择的基础，中小企业往往不是他们的理想去处；即便是中小企业主动相邀，最多也是陪企业走一段路，很难长久。

【案例故事】应届生的离职

一家成立六年，以代理业务为主的小型企业的老板分享了一件事。

李鸣是公司成立以来老板亲自招聘的第一位应届生。半年前，一个偶然机会，老板认识了出身农村、正在找工作的在校生李鸣。作为普通院校的大四学生，李鸣找工作并不顺利。于是，同样从农村打拼出来的老板给李鸣发了入职 Offer，希望他能在毕业后加入公司。李鸣收到 Offer 后很开心，毕业后顺利地办理了入职手续。

老板亲自带他拜访客户、教他如何与客户谈业务，希望他能快速成长，帮助他实现毕业时快速赚钱的梦想。但是，工作不久，老板发现，眼高手低的李鸣，工作上的吃苦耐劳远远不够，惰性越来越明显，这样的工作状态与节奏，根本不是毕业时的他。老板想放弃，但不知该如何开口。没想到，春节刚过，李鸣自己提出了离职。

原来，他在公司工作期间，已经开始寻找底薪更高、平台更大的公司，希望自己能“借平台”赚“快钱”。

（三）被动独立型

有些应届生在回答考官提问时尤为理性，有一种超出年龄的成熟。进一步了解他们的家庭情况会发现，成长环境与父母的局限，不但没有限制他们的思维与视野，反而激发了他们独立思考、自律自强的进取心。此类应届生属于被动独立型。他们的独立是孱弱家庭中自我奋斗、自强不息的典范，也是众多企业希望招聘的候选人。

【案例故事】“幸运”的校招求职

苏州一家企业的高管高总，他的校招求职经历可谓经典。

高总的老家在辽宁，是土生土长的农村娃。十几年前，他以优异的高考成绩考入北京一所知名的 211 大学，是村里人人羡慕的“别人家的孩子”。大学期间，从小没有学过任何特长的他，成为院系师生眼中的“普通”学生——宿舍、教室、餐厅、图书馆，没有加入各类社团与学生会，反而让他有了更多学习、看书与独立思考的时间。

四点一线的大学生活转瞬即逝，毕业季如期而至。校方为增加毕业生的就业机会，几乎每月都会举办几场企业招聘会。他也与大多数同学一样，手拎装有十几份个人简历的文件袋，穿梭在各个企业的展位前。但是，在他参加了几场招聘会之后，并没有任何一家企业主动与他联系，他开始反思。

之后的一场招聘会，他注意到一家苏州的中型企业。这是一家高速成长的民营科技类公司，之所以让他动心，一是因为他非常喜欢苏州这个城市；二是因为他的专业与这家企业招聘的岗位非常匹配；三是坐在展台后面的招聘官是一位不卑不亢、浅带笑意的女士，与不少企业的招聘人员形成鲜明的对比。

在他排队期间，听到身边不少同学小声议论：这家企业可以为应届毕业生解决苏州户口，而且尤其喜欢招男生，上一届有几位师兄毕业后加入了他们，各方面待遇在当地还算不错。

轮到他交简历时，他一边把简历交给那位女招聘官，一边指着桌上厚厚的简历说：“您今天收了这么多简历，我怎样能让您看到我、更了解我？”正在低头看简历的女招聘官愣了一下，抬头看着他说：“你的简历优秀，自然会看到你。”他听后，马上补充了一句：“您能否给我更多面试交流的时间，或许会比我的简历更精彩。”女招聘官听完，抿嘴笑了，说：“这样吧，今天时间有限，后面还有不少同学排队。我们企业会在北京多待两天，先等消息吧。”说完，把他的简历放在了手边一个文件夹的下面，开始招呼后面排队的同学。

第二天，他真的接到了这家企业的面试电话。就这样，已经做了充分准备的他面试很顺利，如愿与这家企业——也就是目前他已工作十几年的企业签订了《就业协议》。

当年，高总之所以用两句话便打动了招聘官，给了他进一步面试的机会，是因为他通过反思自己之前的求职，以及观察其他同学与招聘官的对话，明白了一个道理：自己也曾与大多数同学一样，急于向企业询问自己关心的户口、工资等情况，而没有主动告之企业自己的能力与优势，也就是企业为什么要招用自己。只有先让招聘官看到自己的主动与不同，才会有进一步了解自己、录用自己的机会。当然，自己一定要有准备与积累。

那位给了他面试机会的女招聘官，是公司的人力资源部经理。这位经理后来告诉他，独立思考、有主见的应届生，是他们选拔的标准之一。

（四）资源型

有些应届生的父母本身是知识分子，或者任职于某企业或事业单位，有一定的社会地位与人脉；或者有自己擅长的专业领域，在业内有一定的知名度。这样的家庭在教育孩子方面往往是抓大放小，不会过多干扰孩子成长中的日常琐碎小事，但在人生大方向上会严格把关，帮助他们厘清思路，让孩子对自己有清晰的人生规划与阶段目标。

此类应届生通常更优秀，有主见、有能力，有的还兼有其他突出的特长。同时，因为父母有一定的社会资源基础，所以他们选择的行业领域与范围也更广。

此类应届生往往是各类企业招聘的“香饽饽”，但他们最终会选择的企业类型，会结合人生目标综合考虑。如果个人目标定位是未来的企业主、自主创业，他们往往会选择在刚步入社会时加入中小企业，了解中小企业的运营模式，为自己创业做准备；如果将来的定位是职场精英，他们更多会选择加入知名企业，或者相对稳定的体制内企业或事业单位。

区分应届生的内驱力，可参考以上四种类型：依赖型、无力依赖型、被动独立型和资源型，是一个简单有效的分类方法。

针对具有不同内驱力的应届生，招聘建议是：优选被动独立型，精选资源型，不选依赖型与无力依赖型。

二、自控力

萧伯纳曾说：“自我控制是最强者的本能。”自控力（self-control），不仅有“勿以恶小而为之，勿以善小而不为”的行为自控，还包括“勿道人之短，勿说己之长”的语言自控，以及道德、信用和情绪自控。面试时，可采用结构化面试中的“关键事件追问法”了解面试者的自控力。

面试官可以问：“在你曾经实习或工作的部门，有没有让你的行为或情感失控的事情发生？任何事都行，不论是工作中还是平时与人的交往，能与我分享一下吗？

“能否分享一件自己通过合理安排、克服惰性，最终达到目标或最终实现的事情？

“在你做项目的时候，有没有让你特别气愤、特别委屈，或者特别感动的事情发生？能跟我聊一聊吗？”

在听其讲述时，面试官可在关键情节处进行追问，让他能够把当时的情绪、感受及自己的思考做深入的阐述。过程中面试官要细致观察他的语言描述、眼神与动作，同时也要通过事件描述的具象化，揣摩其诚信度，为进一步细节追问寻找问题点。

自控力的面试标准，一般与企业文化息息相关。面试官应结合企业文化的特点，在面试过程中重点询问、精准匹配。

【案例故事】梦想的力量

蔡兵，他的高考与考研的备考经历都是精彩的奋斗史。

他老家在甘肃一个小县城，高二之前完全“散养”。进入高三上学期，学校两天一小考、三天一大考的复习节奏与身边同学打了鸡血般的学习劲头，让他感受到从未有过的压力，自己平时中游的学习成绩竟开始下滑。

作为军人的父亲发觉儿子情绪低落与每况愈下的成绩，与他进行了一次谈话。家里从未出过一名大学生，如果他能考上大学，不仅是全家的荣耀，更会有大城市的就业资本，可以离开县城，去大城市生活，做自己喜欢的工作。如果没有考上，父亲会送他去当兵，希望他做一名顶天立地的军人。

此时，蔡兵第一次真正明白了学习的意义：学习决定出路。经常在电视上看到的大城市，原来可以通过高考实现在那里生活的梦想。

于是，他开始了废寝忘食的学习，每天除了上课、吃饭、睡觉，就是躲进自己的房间复习，甚至上厕所都会拿上英语课本背单词。功夫不负有心人，他的勤奋最终换来北京某高校的本科录取通知书。

来到北京的他异常兴奋，见到了之前只有在电视上才能看到的高楼大厦。大学四年，他参观了不少博物馆与名胜古迹，感受浓厚的首都文化。他喜欢这里，憧憬着自己毕业后能在这里生活。

大学生活转瞬即逝，毕业季经历了无数次面试无果的他才发现，他所学的专业如果仅仅是本科学历，在北京根本找不到想要的工作。多次求职碰壁后，他决定继续考研。

于是，拿出高三拼搏的劲头，给自己制订了严格的复习计划，当天的复习任务必须当天完成。在他复习期间正值2008年北京奥运会，他不仅放弃了最爱的每周一次训练的篮球，甚至没有观看一次奥运会的直播比赛，而是把自己完全浸泡在备考中，痴迷、忘我地看书学习。

最终，他不但拿到了研究生的录取通知书，而且他的考研分数位列专业第一。

梦想，可以激发每个人的潜力；自控力，是梦想的翅膀，让梦想飞得更高、更远。

三、学习力

学习力（Learning Ability）是每个人需终生具备的能力。葆有对新鲜事物的好奇与探索，对知识的“舒适区”能够自主自发地向外扩展，永远对认知之外的一切事物充满渴求，是尤其可贵并将受益一生的能力。

面试官可采用这样的问题：“能不能告诉我，你最近在看什么书？都给了你什么启发？

“你在实习或工作期间，有没有学习一些与本岗位不相关的其他领域的知识？都是什么方面的知识，能否与我分享一下？

“你认为哪些知识和能力是你求职的工作必须具备的？你都做了哪些准备？两年之内还有其他方面的学习计划吗？”

通常，我们可以从回答中听到三种结果，如图 2-2 所示。

图 2-2 学习力分类图

（一）规划进攻型

对自己未来的职业有很清晰的认知，也明白自己应该做什么。有的会在毕业之前或实习期间，按计划考完本专业的资格证书，如金融学专业会考取证券从业资格证书，财会专业会考取会计上岗证、注册会计师等。还有的会主动涉猎与本专业相关的拓展知识，拓宽学习维度，如人力资源专业的应届生学习心理学的相关知识等。

（二）循规蹈矩型

有些应届生根据自己所学专业的需要，会在毕业前按部就班地考取相关上岗资格证书。但是，对于今后工作中是否还需要其他知识较为漠然，对自身专业所匹配的行业态势与市场发展也没有太多关注，而是以找到工作为目的，持续学习、终生学习的意愿并不强烈，没有自发的学习动力。

此类应届生多安于现状，没有居安思危的意识与未雨绸缪的预知。他们更适合那些处于稳定期与成熟期的企业，以及体制内的企业与事业单位。

（三）特长社交型

此类应届生擅长的不是自己的专业，而是人际社交活动，激情满满，劲头十足。一个特长社交型的学生，在校期间往往也是校内各种社团组织与活动的积极分子，投入不少精力与时间，喜欢崭露头角，享受聚光灯下的荣耀。比如参加学校的某社团或学生会，参加各类比赛或运动会等。他们一般情商较高，会利用自己的特长结交人脉，打造自己的人际圈。

综上，针对三类不同的学习力：规划进攻型、循规蹈矩型与特长社交型，企业在招聘时，可结合不同岗位需要的学习力程度，分别做选择。

对应届生学习力的招聘建议是：重用规划进攻型，培养特长社交型，使用循规蹈矩型。

四、专注力

专注力（Attentional Control），是一个人能否持久、稳定地葆有激情与动力，为达到最终结果锲而不舍、不懈努力的行动力。

当下 VUCA 互联网的时代，信息环境充满诱惑。从短视频、微信视频号到各类电子游戏，人们在频繁刷屏中获得愉悦与满足，很难将注意力持久专注在自己的专业领域或设定的阶段目标中。对于应届生来说，专注力更是对他们步入职场后能否全身心投入工作的直接考验。

内驱力是专注力的发力原点，专注力是内驱力持续投入的直接体现：内驱力的发力原点不同，引发的专注力的聚焦范围与持久性也不同。按照专注力程度，由低到高分为以下四类，如图 2–3 所示。

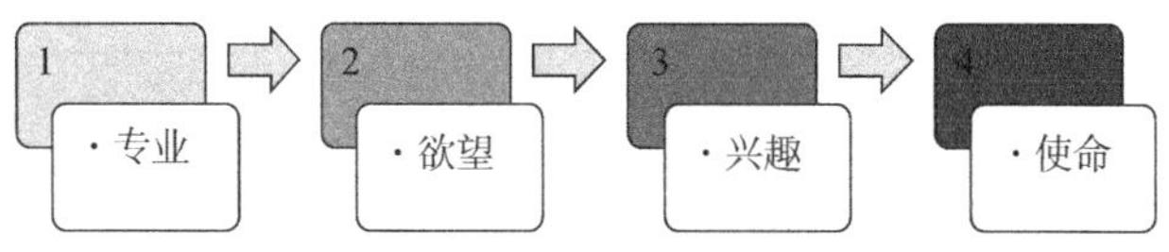

图 2–3　专注力递进分类图

（一）专业型

大学学习的专业，可以帮助应届生聚焦行业或专业领域，找到合适的工作。此类专注力源于专业知识的匹配，但专业本身是否是个人持久的职业梦想与奋斗领域，可作为面试时重点提问的内容。

“你在大学学的这个专业，是父母的意见还是你自己的主意？为什么选择这个专业？

“你喜欢自己的专业吗？希望自己在这个领域做到怎样的职位，或者是达到怎样的成就？

“在你的专业领域，有没有你非常欣赏或崇拜的前辈？为什么崇拜他？”

如果应届生满怀热情地讲述自己的专业，甚至是两眼放光地介绍未来职场的规划，说明他的专业驱动力较强，会在专业领域持续不断地努力进步。企业若是为专业岗位招聘后备人才，可优选专业驱动力强的应届生。

（二）欲望型

人们对财富与地位的追捧自古有之，“名利双收”是人们普遍对职场成功人士的写照，这是职场的客观存在，亦是人性使然。对于欲望型的人来说，所学专业是他们获取财富或晋升职位的踏板，成为自己理想中“财富自由”或“位高权重”的成功人士，方为职场打拼的目的。欲望，人人皆而有之，取之有道，了然进退，亦为职场智慧。面试时，可就此部分做专注力的提问。

“你说自己是农村孩子，在你的成长经历中，有没有让你记忆深刻的苦日子？你想做销售工作是与成长经历有关吗？

“销售部的实习结束后，如果有两个岗位可以选择，一个是薪酬较低但稳定的销售内勤工作；另一个是薪酬相对较高但更辛苦的销售代表工作，你更愿意选择哪一个？为什么？

“进入体制内企业，刚参加工作的前几年工资都不会太高，你选择来央企工作的原因是什么？”

“你觉得自己将来什么样的状态算是成功人士？能不能简单描述一下你理想的职场状态？

通常，应届生的回答往往与自身家庭的成长环境息息相关：衣食无忧的，倾向地位与成就；生活艰辛的，会对财富更渴望。招聘时，可根据岗位所属职类对应的职业发展通道进行相应的匹配。

（三）兴趣型

马斯洛曾说：“世界上最幸福的事，就是有人付钱让你去做你喜欢做的工作。”如果一个人所学的专业正是职业兴趣所在，他会将自己的专注力持久地定格在专业领域，在工作中“享受”兴趣带来的快乐。

专注力的兴趣型比专业型更有激情、更为执着；比欲望型更能聚焦在专业范围持续的进步。面试官提问时，可根据他们对专业的肯定回答做深层次的提问。

“每天200个编码虽然对你来说轻车熟路，但是日复一日，你不觉得枯燥吗？编码工作给你带来快乐吗？

“行政工作是非常繁杂和琐碎的，有时还会出力不讨好，你为什么喜欢？

“人们对法律工作者的印象都是刻板、严谨，不苟言笑，有时还会对簿公堂，你为什么对律师这个职业这么有兴趣？

“你说自己喜欢人力资源工作，但在实际工作中，不可避免会有代表企业与员工协商解除劳动合同的情况，你还愿意做吗？为什么？”

校园学习的专业知识与理论，真正用在工作实践中时，会有不小的差距，甚至是心理落差。如果没有兴趣引领，很难在专业领域走得更久、更远。企业做关键岗位或核心部门的应届生招聘时，应首选兴趣型专注力的应届生。

（四）使命型

有人曾问三个正在砌砖的工人在做什么。第一个工人说：“我在砌砖。”第二个工人说：“我在盖教堂。”第三个工人却唱着歌说：“我在建造世界上最有特色的教堂。”多年后，第一个工人仍然是一名建筑工人；第二个工人成了建筑工地的工头；第三个工人却成了有名的建筑师。

故事中，导致三人不同的人生结局，正是对职业的不同理解。当我们将自己的专业工作视为事业的起步与实现职业理想的舞台，人生使命由此而生。此后，任何辛苦、委屈与挫折，都不足以动摇使命牵引的专注力，以最恒久与稳定的心态与行动，为工作中的自己不断加油、鼓劲。

使命型是动力最持久的专注力，面试官可在兴趣型专注力的基础上进一步追问。

“你的职业理想就是做一名技术总监吗？你有没有对行业或技术领域更多的深度思考与见解，能否分享一下？

“你对中国的航天事业有怎样的了解？你觉得自己的专业在咱们航天系统怎样才能发挥更大的作用？

“你认为自己所学的专业，能为企业带来什么样的价值与作用？你认为自己此生的社会使命是什么？”

那些内心笃定并持之以恒地坚守自己的职业目标与人生信念的应届生，是企业招聘后备人才的首选。

综上，“ISLA面试法”是“四季面试法”的第二个步骤——引入环节提到的“同沐骄阳”中，面试应届生具备的基本能力的方法。

对于应届生，具备不同程度的内驱力、自控力、学习力与专注力，会在企业中发挥出不同程度的个人潜质。具备满格能力的应届生，更能够在工作中展现积极主动的工作状态与勤奋好学的探索精神，成为企业可持续培养的潜力人才。

企业招聘，选择大于努力。只有筛选出好苗子，企业才能在内部人才梯队建设中事半功倍，节省人才培养的成本与时间。

附：《应届生面试评价表》

表 2-1 《应届生面试评价表》（示例模板）

<table>
<tr><td rowspan="8">信息部分</td><td colspan="3">应聘人员姓名</td><td></td><td>应聘岗位</td><td></td><td>部门</td><td></td></tr>
<tr><td colspan="3">企业发展阶段</td><td>□ 初创期</td><td>□ 快速成长期</td><td>□ 稳定期</td><td>□ 成熟期</td><td>□ 变革期</td></tr>
<tr><td colspan="3">岗位职类</td><td>□ S 序列</td><td>□ O 序列</td><td>□ T&P 序列</td><td>□ PS 序列</td><td>□ M 序列</td></tr>
<tr><td colspan="3">招聘策略</td><td>□ 优选</td><td>□ 强化</td><td>□ 迭代</td><td>□ 储备</td><td>□ 联姻</td></tr>
<tr><td colspan="3">任职资格</td><td>岗位要求</td><td colspan="4">应聘人员</td></tr>
<tr><td rowspan="2">基准特征</td><td rowspan="2">学历</td><td>学习形式</td><td>□</td><td colspan="4"></td></tr>
<tr><td>学历层次</td><td>□</td><td colspan="4"></td></tr>
</table>

续表

<table>
<tr><td rowspan="2">信息部分</td><td rowspan="2">基准特征</td><td rowspan="2">经验与经历</td><td>实习经验</td><td>□</td><td></td></tr>
<tr><td>培训经历</td><td>□</td><td></td></tr>
<tr><td rowspan="14">评价部分</td><td rowspan="10">显性特征</td><td rowspan="6">知识</td><td rowspan="2">岗位知识</td><td></td><td rowspan="2">□优 □良 □中 □差</td></tr>
<tr><td></td></tr>
<tr><td rowspan="2">业务知识</td><td></td><td rowspan="2">□优 □良 □中 □差</td></tr>
<tr><td></td></tr>
<tr><td rowspan="2">基础知识</td><td></td><td rowspan="2">□优 □良 □中 □差</td></tr>
<tr><td></td></tr>
<tr><td rowspan="4">技能</td><td rowspan="2">岗位技能</td><td></td><td rowspan="2">□优 □良 □中 □差</td></tr>
<tr><td></td></tr>
<tr><td rowspan="2">业务技能</td><td></td><td rowspan="2">□优 □良 □中 □差</td></tr>
<tr><td></td></tr>
<tr><td rowspan="4">隐性特征</td><td rowspan="4">能力</td><td rowspan="4">核心能力</td><td></td><td rowspan="4">□优 □良 □中 □差</td></tr>
<tr><td></td></tr>
<tr><td></td></tr>
<tr><td></td></tr>
</table>

续表

<table>
<tr><td rowspan="16">评价部分</td><td rowspan="16">隐性特征</td><td rowspan="10">能力</td><td rowspan="5">基本能力</td><td>内驱力</td><td>□ 依赖型 □ 无力依赖型 □ 被动独立型 □ 资源型</td></tr>
<tr><td>自控力</td><td></td></tr>
<tr><td>学习力</td><td>□ 规划进攻型 □ 循规蹈矩型 □ 特长社交型</td></tr>
<tr><td>专注力</td><td>□ 专业型 □ 欲望型 □ 兴趣型 □ 使命型</td></tr>
<tr><td>其他</td><td></td></tr>
<tr><td rowspan="4">岗位能力</td><td></td><td rowspan="3"></td></tr>
<tr><td></td></tr>
<tr><td></td></tr>
<tr><td></td><td>□优 □良 □中 □差</td></tr>
<tr><td>岗位相关能力</td><td></td><td></td></tr>
<tr><td rowspan="3">能力</td><td rowspan="3">岗位相关能力</td><td></td><td rowspan="3">□优 □良 □中 □差</td></tr>
<tr><td></td></tr>
<tr><td></td></tr>
<tr><td rowspan="3">素养</td><td rowspan="3">核心素养</td><td></td><td rowspan="3">□优 □良 □中 □差</td></tr>
<tr><td></td></tr>
<tr><td></td></tr>
</table>

续表

评价部分	隐性特征	素养	职业素养		□优 □良 □中 □差
总评	面试评价：				
	□录用，进入试用期 □简历进入人才储备库				□待定，集体协商 □不予录用
	考官签字：				评价时间：　　年　月　日

重点内容说明：企业发展阶段

美国加州大学伊查克·爱迪思（Ichak Adizes）教授集三十年之功打磨的名著《企业生命周期》，以系统思维将企业视作一个拥有十个阶段完整周期的生命体：孕育期、婴儿期、学步期、青春期、壮年期、稳定期、贵族期、官僚早期、官僚期、死亡。

若将稳定期视为企业生命周期的顶峰与拐点，自此开始，企业衰微，逐步走向下坡路。此时，处于稳定期的企业，如果安于当下、一劳永逸，跌落神坛、步入衰亡即为必然；如果居安思危、痛定思痛，变革的阵痛之后便是风光无限，迎接下一轮生命的灿烂。

表 2–2 为企业“五期”发展阶段对应十阶段生命周期的匹配图。

表 2–2 企业“五期”发展阶段对应十阶段生命周期的匹配图

<table>
<tr><td colspan="5">上行期</td><td>拐点</td><td colspan="4">下行期</td></tr>
<tr><td>孕育期</td><td>婴儿期</td><td>学步期</td><td>青春期</td><td>壮年期</td><td>稳定期</td><td>贵族期</td><td>官僚早期</td><td>官僚期</td><td>死亡</td></tr>
<tr><td colspan="2">初创期</td><td colspan="2">快速成长期</td><td colspan="2">稳定期</td><td>成熟期</td><td>变革期</td><td colspan="2">——</td></tr>
</table>

以企业追求持续增长为前提，将企业发展阶段分为信念伊始的初创期、加速奔跑的快速成长期、步入正轨的稳定期、自成体系的成熟期与奋起突围的变革期共“五期”发展阶段。其中，企业在成熟期的后半段，通常会面临两种选择：安于现状与正视变革。招聘，对处于变革期的企业与决心变革的成熟期企业，将发挥不一样的价值与意义。

第三章

职员招聘技巧

在企业日常招聘工作中，职员级岗位的招聘尤为普遍。不论是处于快速成长期的企业还是成熟期的企业，“铁打的营盘流水的兵”，因企业原因导致的招聘“刚需”与基层员工自身的低稳定性，使不少企业将职员级岗位的招聘作为日常招聘的重点。

第一节　统一招聘策略

处于不同发展阶段，具有不同核心竞争力与经营规模的中小企业，招聘需求的重点与程度有所不同。以终为始，虽然招聘工作仅是企业人力资源管理的一部分，但若以提升组织效能、实现企业可持续发展为长期目标，招聘就是“一夫当关，万夫莫开”的梯队人才入口。尤其对于职员级岗位的新人选择来说，选择不同的招聘策略，决定了不同的招聘方向与用人目标。

一、招聘策略

一般来说，企业招聘策略可分为以下五层：

第一层，优选——为岗位选人。处于初创期与快速成长期的企业，无论是因公司规模发展或业务增长带来的人才补给，还是因员工离职带来的岗位空缺，此时招聘更像“消防救火”——岗位需求在哪里，招聘就在哪里。

第二层，强化——为业务选人。当企业度过生存期，突围业务板块做整体调整，需根据主营业务方向优化现有人才结构，突出优势业务、强化核心竞争力时，招聘按照“从优秀到卓越”把关人才入口——突出重点，稳扎稳打，招募结构化优势人才。

第三层，迭代——为组织选人。企业发展已处于相对稳定期，有持续平稳的现金流，需参照各层级的管理能力提高组织人才胜任能力时，招聘是“鲶鱼效应”——发现差距，激活个体，再现团队活力。

第四层，储备——为战略选人。处于成熟期或变革期的企业，或者需要扩大规模、组合出拳；或者发现人才供给不足，需要经营组织人才梯队、搭建持久人才能量场。此时，兵马未动，“招聘”先行——为组织持续发展储备人才，为战略布局提前准备人才蓄水池。

第五层，联姻——为文化选人。不论处于哪个发展阶段的企业，候选人对企业愿景、使命与价值观的认同是与企业长久相伴、成为事业共同体的根本。从职员开始培养的企业认同感与高管、合伙人的“共情式”招聘，如同婚姻中的双方，没有相互的价值同频与认可，很难做到大风大浪中彼此“背靠背”的信任与鼓励。企业文化是凝聚人心的光，无可替代。如图3-1 所示。

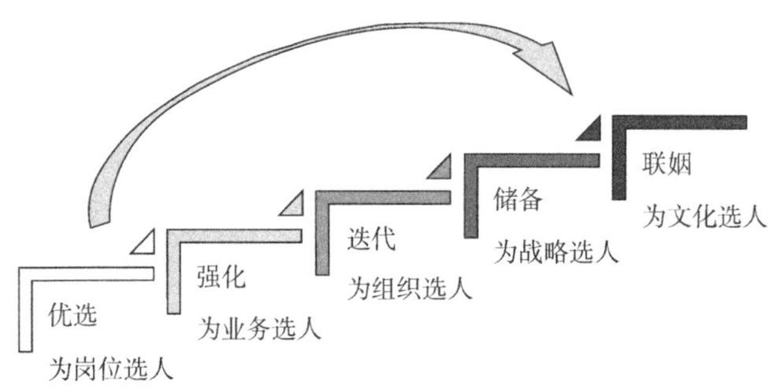

图 3-1 企业招聘策略层次图

优选、强化、迭代、储备、联姻，是适应企业不同发展阶段与人才类别需要的招聘策略。企业招聘时，首先应清楚企业现阶段与所招岗位适合的招聘策略，做好招聘准备。

二、与职类的匹配关系

企业在不同发展阶段，管理职类、主业务职类、非主业务职类的各岗位序列所匹配的招聘策略与重点有所不同。如表3-1 所示。

表 3-1 企业招聘策略与招聘职类匹配图

招聘策略 企业发展阶段			优选	强化	迭代	储备	联姻
初创期	主业务职类	S 序列	√				
		O 序列	√				

续表

企业发展阶段＼招聘策略			优选	强化	迭代	储备	联姻
初创期	主业务职类	T&P 序列	√				
	非主业务职类	PS 序列	√				
	管理职类	M 序列					√
快速成长期	主业务职类	S 序列		√			
		O 序列		√			
		T&P 序列		√			
	非主业务职类	PS 序列	√	√			
	管理职类	M 序列					√
稳定期	主业务职类	S 序列			√		
		O 序列			√		
		T&P 序列			√		
	非主业务职类	PS 序列		√	√		
	管理职类	M 序列				√	√
成熟期	主业务职类	S 序列	√	√			
		O 序列	√	√			
		T&P 序列	√	√			
	非主业务职类	PS 序列	√	√			
	管理职类	M 序列	√	√			

续表

招聘策略 / 企业发展阶段			优选	强化	迭代	储备	联姻
变革期	主业务职类	S 序列			√	√	
		O 序列			√	√	
		TAP 序列			√	√	
	非主业务职类	PS 序列			√	√	
	管理职类	M 序列				√	√

【案例故事】一场生动的“辩论”

为一家中型企业做招聘培训的模拟 PK 赛时，发生过一场生动的“辩论”。

为强化招聘环节的培训效果，与人力资源部协商，以分组 PK 的形式将公司现有部门两两分组，组成临时的招聘面试小组，每组自行分配面试官、应聘人员与记录员的角色，轮流上台演示招聘面试，之后其他组分别对其进行点评并打分。

在其中一组上台演示面试市场专员的流程后，轮到财务经理所在的 2 组点评，财务经理针对面试官所提的问题，坦率地说出个人想法：“既然是市场专员这样的基层岗位，面试官就问他能否承担本岗位工作的问题就好了，你们却花了那么多时间问他对咱们企业的发展期望，还有对自己的成长期望，我觉得有点浪费时间。招人，来了先干活，干好了再说别的。”

话音刚落，5 组的人力资源部经理立即反驳：“我不同意你的说法。招每一个人都应该本着既要匹配岗位，又要长远培养的目的，为每一位员工做职业规划，哪怕是最基层的专员岗位。要让他们在我们公司有归属感，这样他们才能工作踏实，让他们不仅有对自己成长的期待，更有对公司发展的期待。”

财务经理马上接过来：“你想培养这样的基层员工，没准人家就想在你这里干两年就走呢？咱们还是想得太多了，现在就应该先招一来就能干活的，先把本职工作干好了，如果的确干得不错，再想如何进一步培养也不迟。”

人力资源部经理不依不饶：“我们首先要为这个岗位招人，为部门招人，但是我们更要站在企业发展的角度考虑人才梯队的发展。如果只为目前的岗位招来一位看起来还算适合的员工，而没有考虑企业的发展与员工个人的发展，不需要两年，说不定一年就会出问题：不是部门领导觉得他成长慢了，就是他自己觉得公司发展慢了，照样一拍两散。企业招人需要成本——时间成本、人力成本，更要花钱在各网站发布招聘信息，这些都是企业实打实的付出。我们更希望，每一次付出都能有更高的性价比，招来稳定性好的员工、有潜力的员工，而不是为了招聘而招聘，每次都是走马观花、应付交差。”

按照规则，作为讲师的我，应在每组展示完毕并且各组评议之后做最后的总结点评。财务经理还想再说什么，此时我不得不重新站回讲台。

我对大家说：“本来是想再等一等，但是再让她俩这样说下去，‘火药味’更浓了。”大家一下全笑了。我接着说：“大家看到她们二人的争论，表象是对面试时所提问题的不同意见，其实是对招聘本身的理解不同，也就是刚才我们讲到的招聘策略不同：一位是为目前需要的岗位招人，另一位是为企业发展招人。我们要感谢她们的真实点评，这就是在日常工作中，我们经常会出现莫名其妙的工作冲突的原因。每个人对工作的理解不同，不可避免地会出现矛盾与问题。就招聘来说，每次招聘之前，人力资源部与业务部门有必要统一招聘策略、达成面试共识，这样才能达到招聘效果。”

大家听完，频频点头。

第二节　匹配职业阶段与胜任特征

企业的招聘策略：优选、强化、迭代、储备、联姻，是基于企业发展纵向维度梳理的策略方法。针对个体，纵向维度的梳理则体现为个体生涯规划的不同阶段；其中就职于职场的时间区间——职业发展阶段，是个体生涯的主要阶段。

个体生涯规划是个体纵贯一生的、以职业发展为主要阶段，逐渐聚焦人生目标与使命的历程。每个人的职业旅程通常是从职场“小白”的“粉墨登场”开始，在数十年持续的工作历练中不断思索与寻找自己“安身立命”的目标，并为最终实现持续努力。企业招聘，应尊重并顺应应聘者职业发展的阶段与主观意愿，如同大禹治水，顺势而为的“接纳”与“疏导”方为上策。

当下 VUCA 时代，多数应聘者在应聘企业岗位之前，都会结合自己的生涯规划与个人兴趣做综合考虑。企业招聘，已不再有以往“需求侧”优势，而应以“同理心”换位思考应聘者的所需与所想，吸引企业需要的“伙伴”人才，而不是唯我独尊地“雇佣”人才。

一、生涯规划

西方生涯发展理论中颇具影响的学者督拿·舒波（Donald Super）在 1984 年以“生涯彩虹图”形式（如图 3-2 所示），将个体生命时间分为成长期（0~14 岁）、探索期（15~24 岁）、建立期（25~44 岁）、维持期（45~64 岁）与卸任期（65 岁之后）五个阶段，并描述了个体生涯规划的生活广度。

其中，作为“工作者”的职业发展阶段，是从探索期的后半段“试验与初步承诺期（22~24 岁）”开始，历经“试验投入与建立期（25~30 岁）”，以及“晋升期（31~44 岁）”，最后到达维持期（45~64 岁）的全过程。这里，舒波将“工作者”身份区间描绘为生涯彩虹，成为个体生涯中、中青年时期的重要阶段。

环境决定因素
历史的
社会经济的
维持阶段
退出阶段
年龄与生命阶段
建立阶段
探索阶段
成长阶段
生命阶段与年龄
5
10
15
20
25
30
35
40
45
50
55
60
65
70
75
80
持家者
工作者
公民
休闲者
学生
子女
个人决定因素
心理的
生物的

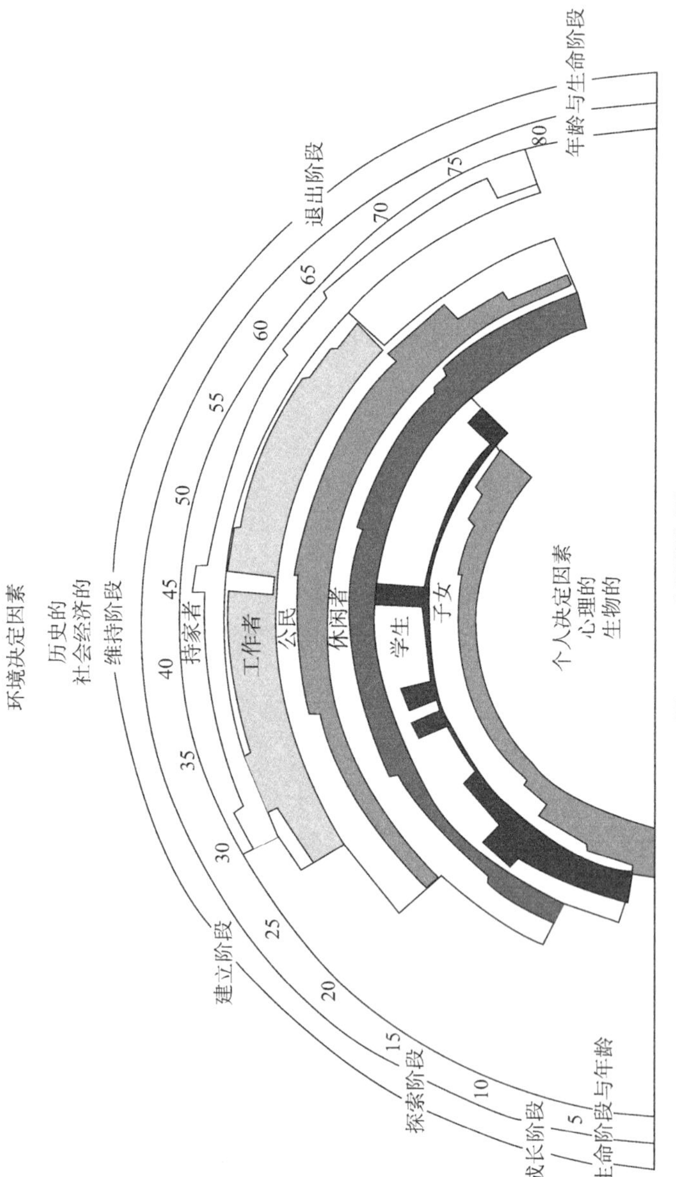

图 3－2　生涯彩虹图

这个阶段，也是每个人的职业发展阶段。从懵懂入场、渐入社会角色到华丽谢幕，回归家庭本位。若聚焦工作时期，每位职场人士的职业发展阶段可分为五个时期：尝试期(0~2年)、起步期（3~4年）、成长期（5~8年）、成熟期（9~12年）与定型期（13年以上）。如图3-3所示。

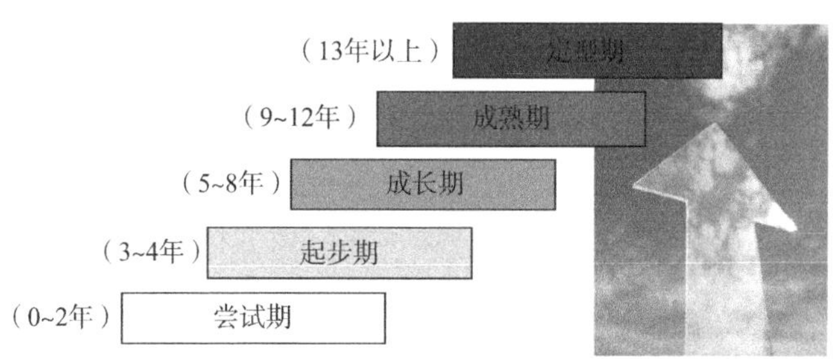

图3-3　个体职业发展阶段

二、职业发展曲线

互联网经济改变了现代人的思维与生活。曾经在计划经济体制下，以一份体制内的体面工作为荣的就业时代一去不复返，网红经济、零工经济、共享经济充斥社会，为求职者们创造了多样的就业环境与广泛的应聘渠道；也迫使企业开始重新思考，如何增强企业与员工之间的“黏性”，使招聘的员工成为企业可持续培养的有生力量。

就个体职业发展曲线来说，呈现更加多样化趋势。以“个体职业发展阶段”为横轴，以“时间”为纵轴，个体职业发展曲线，主要体现为以下四类，如图 3–4 所示。

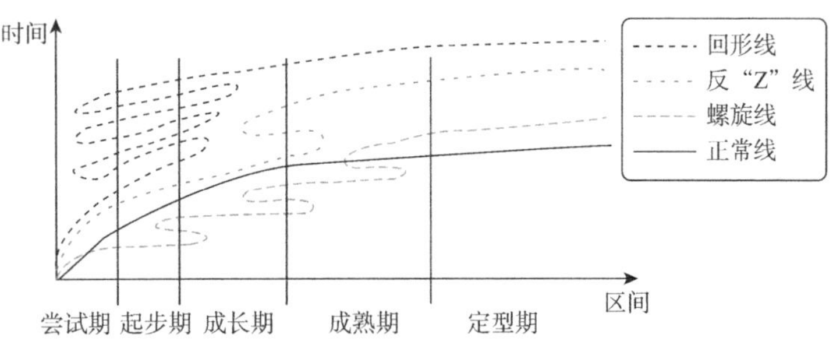

图 3–4　个体职业发展曲线分类图

（一）正常线

通常，当个体所学专业、所处行业与自己的事业目标趋同，同时对当下的生活状态也较为满足时，职业发展曲线一般表现为正常线：从“小白”的尝试期起步，逐渐积累岗位与行业经验，经过多年沉淀，以此项突出能力或技术立足社会，达到自己期望的事业目标。

（二）螺旋线

当个体所从事的第一份工作并不是因为职业兴趣，而是因所学专业或技能找到匹配的岗位工作，经过尝试期、起步期的岗位工作锻炼，在自身业务能力提高的同时，伴随对职业兴趣与人生方向的重新思考而产生的职业拐点。

他们会依据工作本身的特点，结合个人优势、性格与当下的喜好，综合判断是否适合所从事的岗位或行业。但是，他们不是盲目“换道”，而是在之前的工作或喜好基础上，根据已经培养的个人优势与能力，寻找更加适合自己的目标。也许会在新岗位的起步阶段同样从零开始，但会更快上手，成长速度也更快。

如果发现“换道”后仍不满意，他们仍会继续寻找下一条“航道”，螺旋式地积累自己的优势与能力，直到发现自己满意的工作，重新定义自己的人生。

【案例故事】找到“家”的瑜伽教练

陈鹏，北京一名瑜伽教练，他的成长故事是一场心灵寻“家”的旅程。

四年前专科毕业的他，学的专业是机械制造。因向往北京的生活，但自知学历不行，第一份工作索性找了一家汽车服务店的基层员工工作。吃苦耐劳的他做遍了店里所有的脏活累活，同时，爱动脑子的他也喜欢钻研难解决的汽车问题。正因为如此，店老板注意到他，渐渐地带他外出洽谈合作，陈鹏也随之长了不少见识。

一次，店老板带陈鹏去了一家老友新开的健身房。陈鹏第一次摸着那些黑漆发亮的器材，又好奇又兴奋，在助教的帮助下开始尝试。没想到，日常工作中锻炼出来的臂力与专注让他不但上手快，而且练习速度也不像新手，助教在一旁连连称赞。

就这样，陈鹏喜欢上了健身，一有时间就去锻炼，身体素质与体能也得到快速提高。健身房老板见他如此喜欢，鼓励他可考虑做周末的兼职教练，既有一份兼职收入，又与工作时间不冲突。

于是，陈鹏向汽车店老板说了这个想法，店老板欣赏他的自律与上进，欣然同意。陈鹏又多了一个身份——健身教练。汽车修理的全职与健身教练的兼职，让他尤为满足当下的生活。

没想到，突如其来的疫情彻底改变了平静的生活，汽车店与健身房生意不可避免地遭遇“滑铁卢”。汽车店不得不暂时遣散所有员工，陈鹏也不例外。健身房为了留住客户，开始用线上直播平台上课，陈鹏也顺理成章地成为直播课教练，这也是他疫情期间唯一的收入来源。

一次，刚上完直播课的他，无意间发现了一名高级瑜伽教练的视频课。这节只有50分钟的瑜伽体验课颠覆了他之前对瑜伽粗浅的认知。之前的他认为，瑜伽不过是配合呼吸的肢体柔韧性训练，但是这名肌肉健硕的教练展示的力与美的瑜伽体式彻底征服了他——这是身体力量与思想意念的结合，是核心力与专注力的和谐统一。

于是，他开始学习这名教练所有的线上课程，更希望自己凭着健身教练的体能功底，能够成为兼职的瑜伽教练，多一项收入来源。他不仅学习瑜伽的体式与作用，还系统学习呼吸的知识，领悟呼吸与身体密切结合的练习感受，全方位“武装”自己。

随着疫情的缓解，他也回到了汽车店与健身房，开始了之前熟悉的生活。因疫情期间自学的线上瑜伽课基础，他利用空闲时间报了瑜伽教练的培训班，希望自己能尽快成为一名优秀的瑜伽教练，尽早代课。

但是，他没有想到，踏进瑜伽培训班的那一刻，竟然开启了他生命意义的大门。

那一天，当他慢慢走进弥漫着轻柔瑜伽乐与淡淡熏香的瑜伽房，内心忽然一阵沉浸：冥冥中似曾相识的环境与氛围，是一份从未有过的安宁与松弛，是涌入心底的温暖与舒展。这是“家”的感觉，是久居异乡、漂泊心灵的靠岸。

训练中，他在教练的指导下总能很好地领悟老师教授的瑜伽体式，在身心和谐的练习中释放压力，在呼吸与冥想中从容升华。

那一刻开始，他找到了自己的人生目标：成为一名优秀的瑜伽教练。从培训班顺利毕业后，他辞掉了汽车店与兼职健身教练的工作，成为一名专职瑜伽教练。

瑜伽课堂上，多了一名时常将手放在胸口让学员体验平静内心的教练。他要将自己对瑜伽的领悟带给更多的人，让他们也找到自己心灵的“家”。

（三）反“Z”线

有一类职业发展路径，是个体在组织内或行业、领域内已崭露头角，凸显能力与社会地位，却因某情况或某事件的发生产生“蝴蝶效应”，随之对事业与生活开始重新思考，重新定位人生目标，从而开启新的职业路径与事业领域。

【案例故事】方方的“顿悟”

方方曾是北京某制药业央企集团的一名销售高管，但是，一件事彻底改变了她的职业轨迹。

十年前大学毕业时，干练外向的她被某央企制药业的二级公司HR一眼看中，顺利入职这家企业做了一名基层销售员。那时的她，全身心扑在工作上，别人不好卖的产品她卖；别人不想去的偏远地方她去。凭着这股闯劲儿和韧劲儿，她的业绩年年攀升。六年后，她以全集团销售冠军的称号破格晋升为二级公司的销售总监，进入核心管理团队，也是全集团当时最年轻的高管。

晋升之后，她更是在集团有了“铁娘子”的称号：每年出差200多天，刚生完第一胎没等坐完月子就与下属一同出差解决难缠的客户问题。多年丰富的基层销售经验也为她的管理工作提供了生动的素材与案例，她所带的销售团队，每年销售业绩总能排在全集团的前三名。

荣誉、财富接踵而至，但是方方并不快乐。多年的高强度工作让她的身体常年处于亚健康状态，脸色暗黄、失眠、偏头疼，妇科疾病也是反复发作。生完第二胎后，她发现自己竟然患上了“抑郁症”，心情也跌至低谷。

在一位好友的推荐下，她放弃常年服用的药物，开始尝试做营养素治疗。没想到，仅仅服用一个月，困扰她多年的偏头疼就有了明显的缓解，妇科疾病的症状也显著消失，身体的整体状态随之大为好转。出于好奇，她开始了解、学习这款营养素的产品知识，逐渐明白了：人体之所以出现亚健康，是因为人体细胞自身机能的衰减，导致细胞营养不够人体消耗所造成。各种病症的出现，也是因为人体的营养失衡使健康的细胞过度消耗，从而让病毒乘虚而入。“治病”不应是让病症消失，而是让人体的细胞重新激发自身的活力，细胞健康了，病症自然就消失了。

收获了全新的健康理念，她忽然顿悟了：原来，自己一直笃定的药物治疗只是治病救人的一种方式，营养素才是大众预防疾病与治愈轻症更好的选择。

于是，她毅然辞掉奋斗多年的央企高管职位，加入这款营养素产品的企业。她还考取了“健康营养师”的证书，学习更为系统、专业的营养学知识。虽然开始有不小的挑战与困难，但对于方方来说，起步阶段的慢跑不过是在寻找适合自己的节奏，多年在制药业熟稔的人体构造知识、丰富的销售经验及广泛积累的人脉，让她如虎添翼，第二年便荣登公司年度“销售前十”排行榜。

方方告诉我，她已经顿悟了此生使命：帮助更多的人找回健康的自己。

（四）回形线

现实社会中，有不少人对自己的职业理想并没有清晰的目标，工作仅仅为了生存，或者说碰到什么能做的工作就做什么，没有长远规划。他们通常在不同岗位、不同行业、不同领域之间，不断循环着尝试、起步、成长的过程，甚至有时没等起步，又看到貌似更有“前途”的工作机会，转之投奔而去。如同挖井般浅尝辄止，始终找不到自己“安身立命”之所。

综上，正常线、螺旋线、反“Z”线与回形线，是四类较为常见的职业发展曲线，可在求职者简历的“工作经历”描述中有所体现。面试过程中，面试官也可通过重点提问工作经历中的“拐点”，获知其职业发展预期，判断是否是企业可培养之人。

三、胜任特征的应用

《岗位说明书》中的“任职资格”，通常由三部分组成：基准特征、显性特征与隐性特征，统称为胜任特征。招聘过程中，三部分特征的应用各不相同。

（一）基准特征

基准特征包括“学历”与“经验与经历”两项内容。

基准特征的应用主要体现在招聘的筛选简历环节。通过筛选所招聘岗位的学习形式、学历层次、工作经验等情况的最低标准，借助专业网站的操作系统，可初筛出符合基准特征的简历。

（二）显性特征

显性特征包括“知识”与“技能”两项内容。

企业对应聘者的初试，尤其是人力资源部与应聘者的第一次面试，可围绕显性特征部分做重点沟通（如表 3-2 所示），选出符合企业岗位胜任条件的、能够进入复试的候选人，在隐性特征面试中做进一步的筛选。

表 3-2　显性特征应用汇总

<table>
<tr><th>胜任项</th><th colspan="2">胜任子项</th><th>含义与范围</th><th>途径</th><th>内容</th></tr>
<tr><td rowspan="3">知识</td><td rowspan="2">专业知识</td><td>岗位知识</td><td>承担岗位职责与任务应具备的专业知识</td><td>个人简历</td><td>教育经历、培训经历</td></tr>
<tr><td>业务知识</td><td>作为岗位所属的业务部门，与其他部门人员共同协作。须熟悉与了解的制度、流程、方法、原理等业务领域的相关的知识</td><td>个人简历、初试</td><td>工作经历、围绕岗位与部门工作内容的面试</td></tr>
<tr><td colspan="2">基础知识</td><td>对于岗位所属的职业种类，应掌握与学习相关的政策、法律、法规</td><td>初试</td><td>围绕职类工作内容的面试</td></tr>
<tr><td rowspan="2">技能</td><td colspan="2">岗位技能</td><td>胜任本岗位工作的最低任职资格或技能要求</td><td>个人简历</td><td>培训经历、个人荣誉或奖励</td></tr>
<tr><td colspan="2">业务技能</td><td>满足本岗位工作所应掌握的计算机、机械设备等实操技术要求</td><td>个人简历、初试</td><td>围绕岗位工作内容的面试</td></tr>
</table>

（三）隐性特征

隐性特征是企业进行候选人复试、终试，并选出最终入职者的重要依据，也是最能体现入职者是否贴合企业文化与组织发展需求、能否与企业走得更远的标准参照。

匹配企业与候选人的隐性特征，需要以下两个方面为前提：

一方面企业有明确的愿景、使命或价值观描述，有标准化的判断依据。如阿里巴巴的“六脉神剑”，既是员工价值观考核的标准，也是招聘新员工入职的参照之一。

另一方面企业有较清晰的发展战略、人才培养胜任特征标准或人才梯队建设路径。每家企业都应有自己的人才培养系统，不同职级应具备的胜任特征标准也不尽相同（如图 3–5 所示）。核心能力、通用能力与专业能力的胜任特征标准，便是企业招聘新人的隐性特征参照标准。

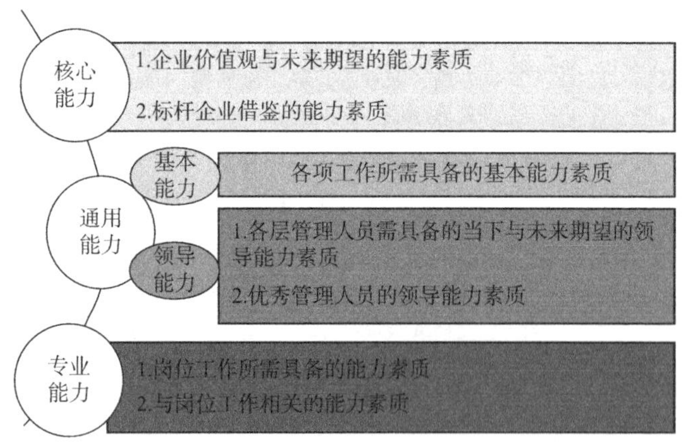

图 3–5　隐性特征胜任能力汇总图

结合图 3–5，隐性特征在面试中的途径与内容如表 3–3 所示。

表 3–3　隐性特征应用汇总

<table>
<tr><th>胜任项</th><th colspan="2">胜任子项</th><th>匹配依据</th><th>途径</th><th>内容</th></tr>
<tr><td rowspan="5">专业能力</td><td colspan="2">核心能力</td><td>企业愿景、使命、价值观</td><td>复试</td><td>围绕个人价值观、兴趣与动机的面试</td></tr>
<tr><td rowspan="2">通用能力</td><td>领导能力</td><td rowspan="4">企业战略、人才梯队胜任力标准、岗位职责</td><td>复试</td><td rowspan="2">围绕个人管理行为的面试</td></tr>
<tr><td>基本能力</td><td>复试</td></tr>
<tr><td rowspan="2">专业能力</td><td>岗位能力</td><td>初试、复试</td><td rowspan="2">围绕个人业务行为的面试</td></tr>
<tr><td>岗位相关能力</td><td>初试、复试</td></tr>
<tr><td rowspan="2">素养</td><td colspan="2">核心素养</td><td>员工品德与修养的标准</td><td>复试</td><td>围绕个人价值观、兴趣与动机的面试</td></tr>
<tr><td colspan="2">职业素养</td><td>岗位职责</td><td>初试、复试</td><td>围绕个人业务与管理行为的面试</td></tr>
</table>

通过以上招聘流程筛选出复试简历后，便进入关键的面试环节。

第三节　纵横面试技巧

职员岗位的面试维度，是围绕“纵”与“横”两条主轴分别做沟通与评价。处于尝试期或起步期的职员应聘者，其过往职业发展的经历，是企业“纵向”思考能否长期培养的参照；其硬件的知识、技能与软件的能力、素养，是企业“横向”评判当下各维度胜任能力的依据。

一、纵向梳理

职员级的应聘者，虽说比应届毕业生多了几年职场经验，但不论是在职业领域的专业能力，还是行业领域的人脉资源，仍属于“夹生菜”。企业在面试中，不仅要了解应聘者当下的发展状态，还要深度探知其个人职业发展规划与学业计划，在匹配职业发展曲线时，尤其需要重点关注应聘者简历中明显的“拐点”——职业拐点与学业拐点。通过提问，逐渐勾勒出应聘者清晰的个人成长曲线，进而匹配所招岗位。

以下为常见的三类职业拐点：

（一）改换跑道

有一类应聘者，在自己熟悉的领域耕耘几年之后，发现并不是自己真正感兴趣或期望的工作与生活状态。此时，他们会改换职业跑道，甚至是与之前完全不同的跑道，进入另一个领域重新开始。在 90 后、95 后中，此类应聘者越来越多，他们更加明白如何“活”出自我。

【案例故事】有个性的小马

小马是北京当地一位 90 后大学生，自小喜欢数学，小学阶段就屡次代表区队参加北京市奥数比赛，多次获得一等奖。升初中时，小马顺利进入区重点中学，也因突出的数学优势，如愿考入北京一所 985 院校，学了一项热门的工科专业。

大学毕业时，专业优势让他轻松收到行业内一家知名央企发来的 offer，成为一名职场白领。但是，仅在央企工作了三年，在所有人都羡慕他顺风顺水之时，他却毅然离开央企，考取教师资格证做了一名教师，所教科目正是他从小喜欢的数学。

之所以从人人羡慕的央企离开，进入与自己大学所学专业毫无关系的教育领域做一名教师，在他看来，央企的体制和文化并不适合他，他也不喜欢朝九晚五的生活。他更希望以从小就擅长的数学谋生，同时，自己可支配的时间也多一些，给自己换一个轻松的生活状态。

工作了两年之后，他又到了一家离家很近的单位工作，虽然规模比上一家小了点，但是之前每天上下班路上的时间太长、太辛苦，在家附近上班，可以有更多享受生活的时间。

青春是五彩的生活，年轻是选择的资本。小马只是改换职场跑道的一个代表。遵从内心的他们，清楚自己的优势与劣势，在清晰的自我认知与人生目标召唤下，相对追求事业第一的“成功者”，他们更在意事业与生活的平衡。在他们心中，“成功者”的标准未必是“让尘土飞扬”的领袖，而是随风起舞的自我。

对于此类改换跑道的职业拐点，面试问题参考如下：

· 你放弃大学所学的专业，进入自己并不熟悉的领域，仅仅因为喜欢或兴趣，你认为自己这样做会成功吗？

· 触动你做这么大转变的事件或缘由是什么？

· 你希望的理想生活状态是什么样的？现在达到了吗？如果没有，你希望几年达到？准备如何实现？

· 你的家人支持你的决定吗？他们希望你的事业成就是什么？

· 如果有一天，你发现自己好像并没有那么喜欢当初义无反顾进入的新领域，你会重新从事之前的工作吗？

以上问题的回答，聚焦一点，就是应聘者的“内驱力”能否足够坚定与持久地支撑转换跑道的“沉没成本”。只有具备清晰的人生目标与强大的内心动力，才会对自己的选择负责，这也是企业应考虑的人选。

（二）内部晋升

若应聘者的简历中明确体现了升职拐点，如从职员升为主管，是面试沟通的一个发力点。企业提拔员工，往往会从多方面、多维度进行综合衡量与考察，培养“潜力股”员工，哪怕放手一试带来“试错”成本。面试沟通中，企业可从他们的升职过程中了解应聘者的能力特质与心理状态。

【案例故事】小赵的第一次升迁

90后小赵是一家互联网教育公司的技术主管。虽然年龄不大，但他在专业领域已深耕七年。

当年，他从一所不知名（他自己认为）的大学毕业，应聘到一家刚组建的初创期小公司，做了一名基层技术工程师。自知起点不高的他，工作任劳任怨，经常加班到深夜。一年多后，因公司战略转型，小赵所在的技术部面临全体裁员。随后，小赵加入了目前就职的公司，继续从事自己喜欢并熟悉的技术工作。

在这家公司工作五年后，因部门中技术主管的离职，他有了第一次升职的机会，成为他们部门一个项目团队的Leader，作为他们公司年轻的主管之一，管理七个人。

在他看来，自己会有这样的机会，主要原因是两点：一方面是因为自己在这个行业干了五年，对于一般的技术问题，已经有了独立解决的能力，同时还能帮助团队其他人；另一方面是他喜欢稳定的工作，不喜欢跳槽。现在的部门团队中，他是待得最久的一个，同时期入职公司的人相继离开了，忠诚度或许是另一个原因。

小赵是踏实工作并获得晋升职位的老员工代表。他的回答正是企业招聘的关键：专注力、学习力与忠诚度。公司在面试简历中描述了职位晋升的应聘者时，可在此三方面做深入的沟通。问题参考如下：

· 咱们公司的这个主管职位，可能更多的是从事专业工作，而不是做管人的管理工作，你愿意加入吗？

· 你喜欢目前的岗位工作吗？为什么？

· 公司已经提拔你做主管了，为什么还要离开呢？

· 你认为在企业中工作几年之后跳槽最好？为什么？

以上问题，可考察应聘者是否具有专业领域的深耕精神与清晰的个人职业规划。

（三）断崖跃迁

筛选简历时，常会发现“急转弯”式的职业领域转换——两段相邻的时间区域，是完全不同的行业领域的跳跃。比如从劳动密集型行业（如制造业、纺织业）向知识密集型行业（如金融、咨询）转型，或者从资源导向行业（如矿业、电力）跨入流量导向行业（如零售服务业）等。这类“断崖”式跃动的节点与拐点，应作为面试中关注的亮点，应深入了解。

【案例故事】幸运的小郑

一次，做 MBA 复试考官时，一位帅气小伙小郑的简历引起了我的注意。

他的工作经历中，第一份工作是某房地产中介的销售员；工作三年后，第二份工作却是某投资公司的投资专业人员，还做到了主管职位。从一名地推销售一跃成为投资领域的主管，这段经历让我好奇。

于是，我开始提问："能否分享一下，是怎样的机会让你从房产中介领域进入投资领域的？"他听后微微一笑，略显羞涩地说："是幸运吧！我第一家房产中介公司的销售总监能力很强，在他被一家投资公司——也就是我的第二家就职公司挖去做管理时，我也跟着去了，我从投资业务的基层工作开始干起，边干边学，慢慢地喜欢上了这个行业，一直做到今天。"

人有时就是这样，别人的手指轻轻一弹，竟能让自己欣然卸掉铠甲，离开生活多年的领地，坚定而憧憬地飞向陌生的花园。正如他自己所说，他是幸运的。

我又问他："能否概括一下你是怎样开展投资业务的？可以重点说一下你的关键步骤。"这是一个考察应聘者综合能力的常问问题，一般会涉及应聘者的业务能力、学习能力与人际关系等方面的情况。

果然，他的回答没有让我失望，不但把项目过程中的关键节点依照顺序叙述完整、清晰，而且整个表述过程言简意赅，没有赘述，看得出他的确了解项目运作的具体架构与细节。其中，在讲述与客户沟通的部分，他坦陈在房产中介公司的工作经历给了自己很大的帮助，让他能以本能的"同理心"与客户交流，不是只狭隘地关注眼前利益，而是先与客户做朋友。

他的回答也给了我启发，让我明白了为什么第一家房产中介公司的总监会带他一同离开：一个勤奋上进又不把个人得失放前面的年轻人，必定是人见人爱的“香饽饽”。

对于断崖式飞跃成长的应聘者，往往有其突出的能力或不同于普通人的特点。面试中可参考以下问题：

· 你觉得能有这样的成长机会，最主要的原因是什么？

· 你离开熟悉的行业，进入一个全新领域重新开始，你不担心失败吗？是什么推动你做这么大的职业转变？

· 能不能分享一下目前这份工作最大的挑战是什么？你认为自己的什么潜力在这样的挑战中得到了挖掘与提升？

· 带你离开原来行业、进入现在领域的“贵人”离开现在的这家公司时，你为什么没有像上次一样同他一起离开？

· 你与这位已经离职的“贵人”还联系吗？你们见面是聊工作多一些还是生活多一些？

每个人的成长不可复制，但“适应力”与“学习力”往往是成功的关键。当牛顿的苹果砸到我们头上，尽管我们中的大多数没有科学家超常的聪慧大脑、悟不出第二条万有引力定律，但一定会“砸”醒我们，冥冥中让我们改变：突破惯性思维，拓展认知领域，珍惜换界平台。

除了上述三类职业拐点，还有以下两类学业拐点。

（四）校园换职场

对于工作多年的职场人士，大多数是从基层开始打拼，预设自己的职业成长路径。但总有一类人，会在工作多年后毅然返回校园，以考取研究生或MBA等方式再次回到高校，换一种环境成长自己、滋养自己。驻留校园看似按下“暂停键”，实则韬光养晦，成为“明天”期待的自己。

【案例故事】姚亮的闪亮青春

一位毕业于北京某知名院校的脱产MBA姚亮的成长经历，让我深刻感受到“坚守奋斗”的力量。

他在入学前曾就职于南京一家外贸公司，担任销售主管，收入在当地算不错，而且在工作三年后贷款买了一套小户型房子。但是，别人眼中的佼佼者，却希望自己有朝一日能成为金融业的职场精英。

在了解到北京的这所高校在金融界的学术翘楚地位之后，他决定考取学校的MBA脱产班，全身心进入校园进行学习深造。功夫不负有心人，985本科院校毕业的他仅备考了半年，如愿拿到了学校的录取通知书。

上学期间，与普研的学弟学妹们一同上英语的大班课，他流利的英文表达与丰富的肢体语言，迷倒一众学姐学妹。虽说英文的优势给了他在校期间莫大的信心，但金融方面的知识却是他的弱项。深知自己的“小白”起点，于是在投资学、金融学、商法、数据模型与决策等专业课程中的刻苦学习，让他深入了解了金融行业的专业知识与典型案例。刻苦与用心，让他逐渐找回了久违的自信。

但是，毕业时优秀的各科成绩并没有给他带来留在北京的工作机会。因为没有过往的金融业工作经验，他没有拿到北京任何一家金融机构的 offer。经过再三考虑，在可选择的几家外地金融机构中，他选择了上海的一家知名银行。

在上海，他从大堂“门童”的基层工作做起，每天的工作就是为进入银行的顾客开门、问好，询问办理什么业务。这样枯燥乏味的重复工作非但没有让他气馁，反而让他以更大的动力与更快的速度努力进步，一步步做到了销售经理，开始带领一个八人团队。

工作两年后，恰逢北京某民企银行招揽英才，一心想回北京的他投了简历。顺利通过初试、复试及最终的高管集体面试，他如愿入职，回到北京，但也开启了孤独的北漂生活：租来的房子像是宾馆，每天几乎都是半夜到家。那段最累最难的日子，工作就是生活。

上天总是眷顾勤奋的人。三年后，他不仅获得了领导的赏识，还收获了爱情——与本行的一位美女喜结连理，也在北京的三环买了属于自己的房子。

信念的启明灯只会照亮脚踏实地、执着坚守的人。或许，正是那段求学的青葱岁月，引领他执着地起航。

能够在工作之余坚持学习并坚守梦想的人，往往是内心强大、极其自律的人。所有外在的磨难与历练，都是他们前进的基石，执着而坚定地奔向未来的自己。

面试中，对于工作经历中出现求学阶段的应聘者，尤其需要重点关注他们的“内驱力”与“自控力”。以下为参考问题：

·是什么让你放弃之前不错的工作，转而全力以赴复习考研？你希望通过研究生的学习改变什么？

·当初有没有想过，即使考上研究生，毕业时也会面临就业现实，就像你今天来应聘我们公司的这个基层职位，需要从基层开始做起？

·能不能分享一下，你在工作之余、准备研究生考试期间，在学习和工作方面，最大的挑战是什么？

·放弃工作、脱产求学，家人支持你吗？你身边的同事、朋友都是怎样看待这件事的？

·如果你现在研究生毕业后找的第一份工作，薪酬还没有上学之前高，你后悔自己的选择吗？

每个人心中都有一座属于自己的城堡。校园只是他们奔向城堡途中一座小小的驿站，是短暂驻足，更是内省蓄力。坚信自己，期待明天。

（五）梦想吸引力

有一类应聘者，简历中描述的教育院校与工作单位带有很强的地域性。他们要么以大学所在城市为分界线，要么以工作单位所在城市为拐点。自此，离开他们从小熟悉的成长环境，在完全陌生的城市求学与生活。这类应聘者是满怀梦想、拼力一搏的奋斗者，力图改变生活环境，不仅是以学业博取学历，或以求职谋取生存，更抱有对理想生活的向往与持之以恒的努力。

【案例故事】执着的丽丽

这是一位 85 后 MBA 考生董丽丽的奋斗故事。

籍贯是河南省一个三线城市的她，从小向往北京的生活。本想以考进北京某大学的方式到北京，但是，自己不论怎样刻苦用功，高中阶段始终学业平平。第一次高考，分数线离北京的三本还有几十分的差距。为了圆自己的北京梦，她在第一次高考后选择了复读高三，再给自己一次机会。复读半年后，虽然各科总分都有提高，但是，每次模考分数总是在北京的三本分数线上下徘徊，很不稳定。这样的成绩让她开始怀疑自己的学习能力，深感前途的暗淡与渺茫。

就在她痛苦无望之际，听说北京有些高校设有成人教育学院，像她这样高中起点的学生也可以入校脱产学习，如果成绩不错，还能拿到本科学位。于是，在多方打听与比较下，她选择了北京一所不错的 211 院校，进入成人教育学院，开始了四年校园生活。

不走寻常路的她就这样来到理想中的北京，她不仅兴奋，更是圆了自己的北京梦，学习劲头更足了。四年后，她不仅顺利拿到本科毕业证书，还考取了学士学位。手握文凭，满怀憧憬，和其他应届生一样，投入当年求职的毕业生大军。

但是，成人教育的本科文凭在与其他相同学历的应届生竞争中并不占优势。屡屡挫败后，为了能有留在北京的工作机会，她选择了一家可以作为派遣员工入职的银行，担任基层的客户经理工作。

工作期间，她的努力有目共睹——入职当年实现全公司业务量第一的佳绩。因为能力突出，被行业猎头看中，第二年便推荐到另一银行，做了她最向往的理财经理工作。在这里，她开始深耕自己热爱的领域，一做就是九年，逐渐成长为一名高级理财经理，开始带领自己的团队。

她说自己的职业目标是成为“私人银行家”，希望通过知识、能力与资源，帮助客户实现最优资产配置与财富增值，让他们生活得更好。客户满意是她最大的欣慰与鼓励，她很享受奋斗的过程。

心理学有个理论叫“吸引力法则”，又称“吸引定律”，是说当人的某个思想集中在某一领域的时候，跟这个领域相关的人、事、物就会被它吸引而来。每年的应届生求职大军，不知有多少像董丽丽一样怀揣梦想、不畏艰辛的年轻人，他们每时每刻的努力，都在离梦想更近的路上。梦想，是他们前进的动力。

面试中，对于目标清晰并执着奋斗的他们，企业能够深深感受到他们超强的“内驱力”与“自控力”，成就动机如同发条般加足马力，带他们持续向前奔跑。企业可在以下问题中考察应聘者，是否具有实现自己目标的能力：

·你的理想生活是什么样的？你准备通过几年的努力实现？怎样实现？

·身边有没有并不看好你的朋友或同事？你是怎样看待这件事的？

·在你工作的这几年，你觉得自己最失败的事情是什么？对你有什么触动与启示？

·目前为止，你觉得自己在工作上还有哪些能力需要提高？你准备怎样提高？

·在北京这几年觉得辛苦吗？有没有想过，如果你继续留在原来的城市生活，应该也是很不错的，比北京节奏慢，压力也没有这么大。想不想有一天回去养老？北京是你理想的生活城市吗？

上述五类情况，前三类是职业拐点，通常体现在简历的工作经历描述中；后两类是学业拐点，可以在教育经历或培训经历中看到（如表 3–4 所示）。

表 3–4　纵向梳理汇总

名称	类别		简历信息	关键考察内容
纵向梳理	职业拐点	改换跑道	工作经历	内驱力、职业方向
		内部晋升		专注力、学习力
		断崖跃迁		学习力、适应力
	学业拐点	校园换职场	教育经历、培训经历	内驱力、自控力、学习力
		梦想吸引力		内驱力、自控力

不论是职业拐点还是学业拐点，简历中这些看似简单平淡的经历描述，却隐藏着应聘者深层的成长动机与个人思考。找到“纵向”突破口，深入挖掘他们行动的方向与具备的能力，可以事半功倍。

二、横向匹配

企业招聘新员工的录用标准，首选参照便是《岗位说明书》（见本书附录之表 3）。其中“任职资格”部分，不论是从硬件方面的基准特征还是软件方面的显性特征与隐性特征，都是企业面试时匹配的重点，也是《职员面试评价表》（见本章附表 3–11）中所包含的主要面试内容。通过将应聘者个人情况与企业的岗位要求进行“横向”对比，实现对应聘者综合条件与能力的评价。

以某企业员工关系主管岗位的任职资格为例，基准特征、显性特征与隐性特征各自不同的“横向”评价技法，分为以下三类。

【示例】某企业员工关系主管岗位任职资格

表 3–5　基准特征

胜任项	胜任子项	具体要求
学历	学习形式	■全日制　□在职研修　□自考　□函授 □成人高考　□夜大
	学历层次	□博士　□硕士　■本科　□专科 □高职高专　□中专

续表

<table>
<tr><th>胜任项</th><th>胜任子项</th><th>具体要求</th></tr>
<tr><td rowspan="3">经验与经历</td><td>工作经验</td><td>两年及以上中型企业同岗位工作经验。</td></tr>
<tr><td rowspan="2">培训经历</td><td>1. 接受过《劳动法》《劳动合同法》等有关企业劳动关系管理的专业法律法规培训</td></tr>
<tr><td>2. 接受过本市关劳动关系政策、规定等的专业知识培训</td></tr>
</table>

表 3–6　显性特征

<table>
<tr><td rowspan="6">知识</td><td rowspan="4">专业知识</td><td rowspan="2">岗位知识</td><td>1. 法律专业或人力资源管理专业</td></tr>
<tr><td>2. 熟悉《劳动法》《劳动合同法》等国家法律法规及本市相关劳动关系政策</td></tr>
<tr><td rowspan="2">业务知识</td><td>1. 熟练掌握员工与企业建立劳动关系的基本流程与关键步骤</td></tr>
<tr><td>2. 了解本岗位与其他人力资源工作模块、其他部门之间的协调与配合环节</td></tr>
<tr><td colspan="2" rowspan="2">基础知识</td><td>1. 熟悉人力资源管理的工作模块与流程</td></tr>
<tr><td>2. 了解本市劳动监察机构、仲裁机构与司法机构的日常工作程序与案件受理流程</td></tr>
<tr><td rowspan="2">技能</td><td colspan="2">岗位技能</td><td>具备劳动人事相关法律法规的培训证书</td></tr>
<tr><td colspan="2">业务技能</td><td>熟练使用 Office 办公软件</td></tr>
</table>

表 3–7 隐性特征

<table>
<tr><td rowspan="13">能力</td><td colspan="2" rowspan="4">核心能力</td><td>诚信：理性、客观、诚实地交流工作，反映事实</td></tr>
<tr><td>创新：主动思考并尝试工作中的更优方法，敢于挑战现状</td></tr>
<tr><td>责任：担当本职岗位的所有职责与义务，出现问题不推诿，主动解决</td></tr>
<tr><td>奋斗：先付出，后获取，勇往直前</td></tr>
<tr><td rowspan="4">通用能力</td><td>领导能力</td><td>培养下属：鼓励并帮助下属成长，给予下属试错机会，真诚相待</td></tr>
<tr><td rowspan="3">基本能力</td><td>持续学习：时时跟进国家政策与法律的更新，积极主动地学习相关法律与业务知识，提高业务能力与水平</td></tr>
<tr><td>抗压能力：理性、客观地认知工作压力，积极面对，主动寻找有效方法予以解决</td></tr>
<tr><td>系统思维：将专业知识有效融入所在部门与企业的日常制度与工作流程，形成闭环管理体系与业务通道，帮助企业预防法律风险</td></tr>
<tr><td rowspan="5">专业能力</td><td rowspan="3">岗位能力</td><td>关注细节：敏感获知日常工作中的用工风险关键点与细节，及时上报</td></tr>
<tr><td>劳动法律法规分析：对于企业用工风险能够及时、有效地引荐相关法律条款并进行分析，提出有效建议</td></tr>
<tr><td>主动协作：主动与部门内或其他部门同事进行工作沟通，以解决问题为出发点，达成工作任务</td></tr>
<tr><td rowspan="2">岗位相关能力</td><td>换位思考：与他人沟通时，以同理心站在对方立场找到双方共识，共同达成工作目标</td></tr>
<tr><td>归纳演绎：根据日常工作事例归纳总结经验，同时可举反三地进行演绎与推理，持续完善业务知识与能力</td></tr>
</table>

续表

素养	核心素养	求真务实、勤奋敬业
	职业素养	正直、客观、进取、自律

（一）条件筛选

基准特征是企业最容易筛选与比较的，可以在初筛简历环节，借用招聘网站自有的线上筛选工具实现初步筛选。筛选时，只需将企业所招岗位应具备的基准特征输入筛选项，便可自动筛选出符合条件的简历。

在筛选基准特征时，对于职员级的基准特征筛选，筛选内容更具体；对于中层管理级，抓住岗位所需的必备经验即可；高管级，可适度放宽基准特征的初筛条件，把评价重点放在面试环节中的隐性特征。

【示例】

员工关系主管岗位，基准特征筛选的参考条件：

· 学习形式：全日制。

· 最低学历：本科。

· 工作年限：2 年及以上。

· 所属行业：信息技术服务业（通信设备、电信等）。

· 曾就职企业类型：中型（100 人以上）或大型。

· 岗位 / 专业培训经历：有。

（二）FACT 沟通

对于职员级岗位，因本身是基层岗，须执行每项工作职责与任务的全过程，并对最终结果负责。因此，匹配职员级岗位的显性特征与岗位要求时，匹配度越高越好，这部分的评价可在面试沟通环节充分体现。

行为面试是最常用的面试沟通技术，是针对过去发生过的事情探究应聘者实际发生的行为逻辑，用于观测应聘者的显性特征是否符合企业需求，其基本假设是：用应聘者过去表现出来的行为，预测未来的行为表现。因显性特征聚焦应聘者在“知识”与“技能”方面的专业度与执行力，FACT 技术是较为实用的一项沟通技术。如图 3-6 所示。

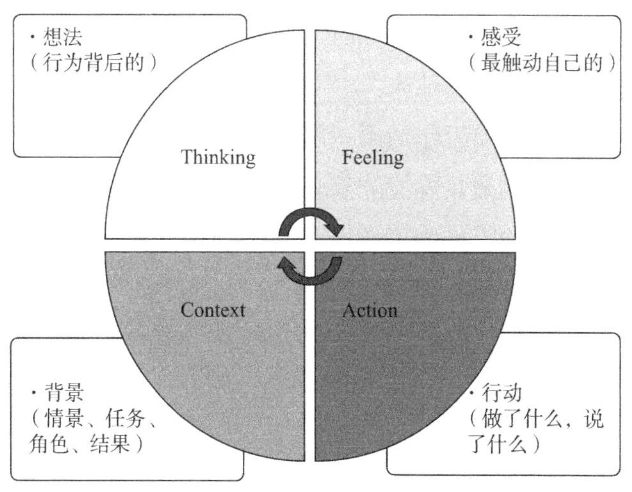

图 3-6　FACT 面试沟通技术

1. 沟通要点

用 FACT 技术做面试沟通的四项要点如下：

· 由应聘者详细讲述事件或工作完成的过程，包括时间、地点、任务、角色分工、主要难点及自己的预想思路。

· 询问应聘者解决难点的具体行为，包括做了什么、说了什么、关键步骤或对话等。

· 追问应聘者为什么这么做、这么说，用到哪些专业知识或技能，需要应聘者充分展现事件发生过程中的具体细节。

· 了解应聘者完成工作后的感受，对自己的工作能力有怎样的感悟或提高。

2. 参考问题

（1）背景（Context）

· 领导交给你这项任务时，是在什么时间、地点？有没有与你配合或协助的其他人？

· 你听到这项工作的第一反应是什么？为什么？

· 这项工作最具挑战的部分或步骤在哪里？

· 你对这项工作的工作思路与计划是怎样考虑的？能不能分享一下你的行动步骤？

· 你在这项任务中的角色是什么？对你是挑战吗？为什么？

（2）行动（Action）

· 当时面对你认为最大的挑战，你都做了什么？

· 你在交涉过程中是怎样表述的？能不能跟我分享一下你们对话的细节？

·能否说一下工作的关键步骤，尤其是你如何运用专业能力解决问题的？为什么要这样做？

（3）想法（Thinking）

·你为什么要做这样的工作安排？有什么考虑吗？

·你为什么要对他说这样的话？如果没有达到你最终想要的结果，你会怎么办？

·你这样做有先例吗？如果没有，你能保证一定成功吗？

·你觉得自己这样做，你的领导会支持吗？如果领导不支持，你还有其他策略吗？

（4）感受（Feeling）

·这件事的解决，你觉得是得益于你的专业能力还是人际关系？为什么？

·通过这件事，你的能力或技能、知识都有提高吗？主要表现在哪里？

·这件事对你最大的触动是什么？为什么？

·现在你回想一下这件事的解决过程，有没有让你感觉可以提高或改进的？或者现在让你做，你会做得更好的地方？

·这件事让你收获了什么？

【示例】

（1）背景问题

·你说的工作任务是与员工谈离职，是什么原因导致公司要与他解除劳动合同？

·当时你入职公司多久？这位即将离职的员工是老员工还

是新员工？

·你选择什么时间，在哪里谈的？

·有其他人在场吗？你们的分工是怎样的？

·领导安排你部门的其他同事协助你了吗？你有没有向你们公司的法务部提前咨询和请教？

表 3–8　员工关系主管岗位的显性特征参考

<table>
<tr><td rowspan="7">知识</td><td rowspan="4">专业知识</td><td rowspan="2">岗位知识</td><td>1. 法律专业或人力资源管理专业</td></tr>
<tr><td>2. 熟悉《劳动法》《劳动合同法》等国家法律法规及本市相关劳动关系政策</td></tr>
<tr><td rowspan="2">业务知识</td><td>1. 熟练掌握员工与企业建立劳动关系的基本流程与关键步骤</td></tr>
<tr><td>2. 了解本岗位与其他人力资源工作模块、其他部门之间的协调与配合环节</td></tr>
<tr><td colspan="2" rowspan="2">基础知识</td><td>1. 熟悉人力资源管理的工作模块与流程</td></tr>
<tr><td>2. 了解本市劳动监察机构、仲裁机构与司法机构的日常工作程序与案件受理流程</td></tr>
<tr><td colspan="2">岗位技能</td><td>具备劳动人事相关法律法规的培训证书</td></tr>
<tr><td rowspan="1">技能</td><td colspan="2">业务技能</td><td>熟练使用 Office 办公软件</td></tr>
</table>

（2）行动问题

·你觉得这次离职面谈最大的挑战是什么？你是怎样准备的？

·在你与员工面对面沟通过程中，他有没有情绪激动，或者抱怨、不满、发泄的时候？你是怎样做的？能不能把你们对话中的关键或重点细节分享一下？

· 对于公司提出解除员工的行为，你都找了哪些法律条款与依据支持你的判断？最后的结论是什么？

（3）想法问题

· 你最后选择的谈话方式与法律依据是基于怎样的考虑？

· 你这样做有成功的先例吗？万一你的方式对这位员工不适用怎么办？你还有其他备用的解决办法吗？

· 领导知道你的想法与策略吗？他支持你吗？如果领导觉得你的方式不妥甚至有点冒险，你是坚持自己的方式还是会听从领导的意见？

（4）感受问题

· 这件事对你最大的触动是什么？为什么？

· 你怎样看待公司与员工的劳资关系？你觉得用哪种关系描述更合适？

· 你觉得这件事的解决过程中，自己哪些方面的知识和能力还需要提高？

（三）情景聚焦

对于职员级岗位的招聘，隐性特征的胜任能力面试可采用行为面试技术中的情景面试。情景面试是在假设条件或背景下，观察应聘者如何处理或解决问题，从而对其未来的行为进行预测的面试技术。情景面试的实操方法简单，容易学习和掌握，非常适合评价职员级岗位的隐性特征。

1. 沟通要点

（1）专业能力是评价职员级应聘者的首要能力

情景面试中，首先需要考察的能力是专业能力，包含岗位能力与岗位相关能力两项。职员级岗位的专业能力能否胜任岗位基本要求，通常是部门负责人评价职员级应聘者是否录用的主要参考。

（2）聚焦职员级岗位在企业发展现阶段的关键能力

企业在不同发展阶段所强调的人才胜任能力不同。评价时，一定要关注本岗位最凸显或企业在人才规划方面的能力设计。比如企业现阶段人才建设的主要工作是搭建人才梯队，在新人中筛选后备人才。此时，招聘职员级岗位的“基本能力”与“核心能力”所包含的能力素质项，是面试沟通时重点评价项。

（3）根据岗位价值不同选择能力素质项的不同数量

满足以下条件之一时，考官在评价应聘者的能力素质项的过程中，可适当增加需考察的能力素质对应的问题：

· 属于企业后备人才梯队的部门或岗位。

· 属于企业现阶段业务发展的核心部门或岗位。

· 属于现阶段建构企业文化的关键部门或岗位。

2. 参考问题

（1）专业能力

评价专业能力，可围绕所招岗位日常工作中发生的事件展开情景面试。一般包括两方面的问题：一方面是“规定动作”——岗位职责中的主要工作内容或经常发生的工作步骤；另一方面是“加分动作”——岗位工作中不常发生的、能够考察应聘者综合能力的特殊事件或典型事件。

这两方面的情景化问题，通常是由所招岗位的部门负责人进行提问与追问。应聘者回答得越具体、越细节，越容易评价其专业能力。比如：

· 因甲方临时通知要提前进行投标，领导通知你，让你把之前准备两周完成的投标书在五天内完成，你准备怎样开展这五天的工作，保证能够如期完成标书制作？

· 能否说一下，你每年都开展的校园招聘，从提交《工作计划书》到最终应届生入职的过程中，关键的环节是哪几个？为什么？

· 现在公司有一位刚离职的员工签署的客户，因员工在办理离职期间，没有及时解决客户反映的售后货损问题，导致客户意见很大，到现在公司都没有收回尾款。如果让你接手这个客户处理货损问题，同时收回尾款，你准备怎么做？

（2）通用能力

通用能力中的基本能力，是评价职员级岗位的重点。尤其准备筛选后备人才时，基本能力是企业初步判断应聘者是否具有培养潜力的参考之一。

考察基本能力，可通过提问突出矛盾的问题或较难解决的问题，判断应聘者的思维逻辑是否符合企业文化；行为底线是否触及企业红线。比如：

· 你在上一家企业刚开始被提拔为主管时，部门内的其他同事有没有表现出明显的不配合或不服气？你是怎样处理的？

· 如果你准备了半年的考试即将在这个周末开考，但是周五你突然接到部门领导的通知，让你这个周末去外地出差，你会怎样做取舍？为什么？

· 如果你们部门须共同完成一个项目任务，其中一个同事不如你勤快，也没有你懂技术，但特别会邀功。最后项目结束时，项目负责人给你俩的项目奖金一样。你会因此心理不平衡、向这位负责人亲自说明情况吗？为什么？

（3）核心能力

核心能力是关乎企业文化的能力，招录与企业文化风格一致的新员工，是文化的强化与传承；反之，则会在企业内部或明或暗地表现出思维与行动的离心力，会在无形中扰乱文化“场”的氛围，降低组织工作效率。

当企业需要强调员工的文化凝聚力时，对应聘者核心能力的评价尤为重要。所提问题，可以围绕企业文化所强调的能力特点进行情景化事件的提问，可重点提问让应聘者做出两难选择的问题或事件。比如：

· 如果你今年完成的业绩与回款都不错，按照公司考核制度，年底你可以拿到全年奖金。但就在 12 月中旬，公司即将下发全年奖金之前，本来答应 12 月底之前支付尾款的客户突然打电话告知，只能明年 2 月份付款，一旦这项尾款没有按计划收回，你的全年奖就会打折。此时，你会怎样做？为什么？

· 公司有一个青海项目需要派驻部门的一名员工前去驻地工作两年，月工资是现在的 1.5 倍，另有驻外补贴，每年还有半个月的带薪探亲假，驻地两年后再回总部。如果部门负责人找你谈话，同时告诉你，是与另一位同事同时约谈，你们自愿报名。你们的情况是：你，成家了；另一位员工比你年轻几岁，目前单身。这种情况下，你会怎样做？为什么？

· 你所在的部门，去年在公司每年评选的最佳“合理化建议奖”中获得了第一名。按常规，评选出来的“最佳”部门，不仅有荣誉，还有部门奖金。虽然部门里的同事都知道，去年你提出的合理化建议数量最多，采纳的也最多，但部门负责人还是把奖金按人头平分了。对此，你怎么看？为什么？

（4）素养

职业素养与岗位需要的品德与修养休戚相关，可在应聘者的专业能力提问中同步评价；核心素养是企业对全体员工提出的普遍的品德与修养的行为标准，可在评价核心能力时一同判断。此处不再赘述。

【示例】

（1）专业能力

· 能否概括一下，哪几种情况下的离职，企业是不需要支付补偿金的？

· 在你的岗位工作经历中，有没有公司本计划支付离职员工补偿金，但经你调解或协商，最后并没有支付或者降低了支付金额，员工仍然顺利办理了离职手续的案例？如果有，你是怎么做到的？

· 你的上一家公司有灵活用工或派遣用工的模式吗？你们为什么选择使用这样的用工模式？

（2）通用能力

·如果某部门有一位老员工，每年考核总是不好不坏，算不上优秀，也不是垫底。新来的部门负责人却看不上这位老员工，几次让人力资源部想办法劝他离职，最好公司不花钱或少花钱。这项工作，人力资源部经理交给你来办，你怎样看这件事？准备如何做？

·公司现行的《员工手册》版本是三年前修订的，如今需要根据近几年出台的法律制度重新完善与修订，这项工作由企划部和人力资源部共同完成，人力资源部负责汇总，企划部予以协助。人力资源部经理把这项任务交给你，不仅要修改有关员工关系的部分，还包括员工考勤、休假等相关内容。另外，还需要你与企划部及时沟通与协调，将他们修改的企业文化与组织架构等内容，与其他内容做整合，确保按期完工。你准备怎样做？能否概括一下你的工作步骤？

（3）核心能力

·如果你入职后，发现你们部门的业务流程图中，关于你的岗位流程部分存在不严谨的地方，少了两个跨部门的工作步骤。此时，若是你自己主动提出，不仅修改流程图需要花时间，增加了你的工作量，还会因为多了这两个步骤，在跨部门审批工作任务时，审核时间也会因增加了两个部门的审批签字而拉长。对此，你会提出修改吗？为什么？

·你入职公司后不久得知，你所在岗位的前任在离职之前，与公司计划解除劳动合同的一位老员工谈崩了，这位老员工离职后向仲裁机构提请了仲裁，公司已接到仲裁机构的《调解通知书》，准备应诉。现在这个仲裁书和《调解通知书》都在你的工作桌上，你会怎样准备这项工作？你会向部门负责人提出，希望他来协助完成吗？

总之，职员级岗位的“横向”招聘，须围绕《岗位说明书》要求的内容分板块进行：“硬件”信息，借用线上筛选工具；“软件”能力，通过行为面试技术进行递进式提问（如表 3–9 所示）。在应聘者的回答中获知能力水平，进行全面匹配与综合评判。

表 3–9　横向匹配汇总

<table>
<tr><th>名称</th><th colspan="2">类别</th><th>任职资格</th><th>面试方法</th></tr>
<tr><td rowspan="6">横向匹配</td><td rowspan="2">“硬件”</td><td rowspan="2">基准特征</td><td>学历</td><td rowspan="2">线上条件筛选</td></tr>
<tr><td>经验与经历</td></tr>
<tr><td rowspan="4">“软件”</td><td rowspan="2">显性特征</td><td>知识</td><td rowspan="2">FACT 面试沟通</td></tr>
<tr><td>技能</td></tr>
<tr><td rowspan="2">隐性特征</td><td>能力</td><td rowspan="2">情景面试聚焦</td></tr>
<tr><td>素养</td></tr>
</table>

附：《职员面试评价表》

表 3–10　《职员面试评价表》（示例模板）

<table>
<tr><td rowspan="8">信息部分</td><td colspan="3">应聘人员姓名</td><td></td><td>应聘岗位</td><td></td><td>部门</td><td></td></tr>
<tr><td colspan="3">企业发展阶段</td><td>□初创期</td><td>□快速成长期</td><td>□稳定期</td><td>□成熟期</td><td>□变革期</td></tr>
<tr><td colspan="3">岗位职类</td><td>□S序列</td><td>□O序列</td><td>□T&P序列</td><td>□PS序列</td><td>□M序列</td></tr>
<tr><td colspan="3">招聘策略</td><td>□优选</td><td>□强化</td><td>□迭代</td><td>□储备</td><td>□联姻</td></tr>
<tr><td colspan="3">职业曲线</td><td>□正常线</td><td>□“W”线</td><td>□反“Z”线</td><td>□回形线</td><td>□不明显</td></tr>
<tr><td colspan="3">任职资格</td><td>岗位要求</td><td colspan="4">应聘人员</td></tr>
<tr><td rowspan="2">基准特征</td><td rowspan="2">学历</td><td>学习形式</td><td>□</td><td colspan="4"></td></tr>
<tr><td>学历层次</td><td>□</td><td colspan="4"></td></tr>
</table>

续表

<table>
<tr><td rowspan="2">信息部分</td><td rowspan="2">基准特征</td><td rowspan="2">经验与经历</td><td>工作经验</td><td>____年及以上相同/相关岗位经验</td><td></td></tr>
<tr><td>培训经历</td><td>□</td><td></td></tr>
<tr><td rowspan="14">评价部分</td><td rowspan="10">显性特征</td><td rowspan="6">知识</td><td rowspan="2">岗位知识</td><td rowspan="2"></td><td rowspan="2">□优 □良 □中 □差</td></tr>
<tr></tr>
<tr><td rowspan="2">业务知识</td><td rowspan="2"></td><td rowspan="2">□优 □良 □中 □差</td></tr>
<tr></tr>
<tr><td rowspan="2">基础知识</td><td></td><td rowspan="2">□优 □良 □中 □差</td></tr>
<tr><td></td></tr>
<tr><td rowspan="4">技能</td><td rowspan="2">岗位技能</td><td></td><td rowspan="2">□优 □良 □中 □差</td></tr>
<tr><td></td></tr>
<tr><td rowspan="2">业务技能</td><td></td><td rowspan="2">□优 □良 □中 □差</td></tr>
<tr><td></td></tr>
<tr><td rowspan="4">隐性特征</td><td rowspan="4">能力</td><td rowspan="4">核心能力</td><td></td><td rowspan="4">□优 □良 □中 □差</td></tr>
<tr><td></td></tr>
<tr><td></td></tr>
<tr><td></td></tr>
</table>

续表

<table>
<tr><td rowspan="20">评价部分</td><td rowspan="20">隐性特征</td><td rowspan="12">能力</td><td rowspan="4">基本能力</td><td></td><td rowspan="4">□优 □良 □中 □差</td></tr>
<tr><td></td></tr>
<tr><td></td></tr>
<tr><td></td></tr>
<tr><td rowspan="4">岗位能力</td><td></td><td rowspan="4">□优 □良 □中 □差</td></tr>
<tr><td></td></tr>
<tr><td></td></tr>
<tr><td></td></tr>
<tr><td rowspan="4">岗位相关能力</td><td></td><td rowspan="4">□优 □良 □中 □差</td></tr>
<tr><td></td></tr>
<tr><td></td></tr>
<tr><td></td></tr>
<tr><td rowspan="6">素养</td><td rowspan="3">核心素养</td><td></td><td rowspan="3">□优 □良 □中 □差</td></tr>
<tr><td></td></tr>
<tr><td></td></tr>
<tr><td rowspan="3">职业素养</td><td></td><td rowspan="3">□优 □良 □中 □差</td></tr>
<tr><td></td></tr>
<tr><td></td></tr>
</table>

续表

<table>
<tr><td rowspan="3">总评</td><td colspan="2">面试评价：</td></tr>
<tr><td>□ 录用，进入试用期
□ 简历进入人才储备库</td><td>□ 待定，集体协商
□ 不予录用</td></tr>
<tr><td>考官签字：</td><td>评价时间：　　　年　月　日</td></tr>
</table>

第四章

中层管理者招聘技巧

VUCA时代的变迁，不仅表现为物质生活的富足与便捷，还伴随人们思想观念的转变。共享经济、零工经济时代下，员工与企业不再是以往简单唯一的劳资关系，而是合作关系、互助关系，甚至伙伴关系。以发展的视角看企业，持久、稳定的人才梯队建设尤为重要。随着员工对自我成长意识的提高，员工与企业在成长发展中成为彼此的“伙伴”，或许是当下企业探索的方向——平等尊重、彼此成就。

企业的中层管理者是一个特殊群体，对事——上承决策，下思执行；对人——培养团队，传承文化。他们是基层员工与高层管理者之间承上启下的关键层级。

第一节　明辨中层陷阱

美国学者劳伦斯·彼得（Dr. Laurence Peter）在对员工晋升现象研究后得出一个结论：由于习惯对某个等级上工作称职的人员进行晋升提拔，员工总是趋向被晋升到其不称职的地位。这被称为“彼得原理”的晋升现象，普遍存在于企业。

求职的中层管理者，离职原因中总会发现因“彼得原理”而离开公司的案例。若一味把导致自己产生离职想法的原因归于外在因素，如“工资好多年都不涨了”“行业不行了”“人际关系太复杂”等，仍以“自动驾驶”的惯性思维来看待问题，而对自己的成长缓慢甚至停滞浑然不觉，即使“努力”寻找到下一家企业，仍会重蹈覆辙。

中层管理者应从修炼内功做起，改变自己的职场之路。在笔者经历的中层管理者面试案例中，以下是颇具代表性的五类现象。

一、角色侵蚀

从基层一步步晋升至部门负责人的中层管理者，通常具有扎实的基层专业知识与实用的技术方法，能够手把手地指导下属。但是，习惯于事必躬亲，使他们晋升后虽在“领导”职位，却教着“师傅”手艺；在有限的八小时工作时间中，不能聚焦部门内部的管理提高与团队建设，而是凡事亲力亲为，导致工作中经常分身无术、顾此失彼。长此以往，身心俱疲，由此产生离职的念头。

这种现象即为“角色侵蚀”。中层管理者貌似“好心”地帮助下属，实则“侵蚀”了下属的大脑，让他们失去了工作中本应自己思考与试错的机会。对于中层管理者，用自己的“双手”取代了本应与晋升的职位一并提高的“大脑”，以日复日强的执行力取代了职位应有的领导力。

【案例故事】“好马”也吃回头草

一位人力资源总监与我分享了这样一个故事：

她在集团每年例行的大型招聘会上，遇到一位曾在她们集团工作过的中年女性，前来面试公司的财务经理岗位。

当同事递给这位人力资源总监她的简历时，她注意到，应聘者曾在八年前的集团下属另一家公司从事会计岗位的工作。于是抬头看着她，笑着说：“想回来了？干的不开心吗？”没想到，这位“原同事”也真没把自己当外人，一边把自己的随身包放在面前的桌上，一边用手比划着打开了话匣：“当时不是年轻吗，想出去闯一闯，正好有机会，就去了第一家民营企业，跟咱们是同行。公司人不多，刚去时也是会计，就是干的活儿挺多的，一人当仨人用。干了两年，老板想选一个部门经理，有事好沟通，可能觉得我经常加班，挺辛苦的，就提拔我做了部门经理。其实，当时我们部门就三人，除了我，还有一个会计、一个出纳，都比我年龄小，我在部门也是最早来公司的。刚开始还好，工作内容和原来差不多，结果到了下半年，公司接连上了好几个项目，部门的人没有增加，工作量却增加了好几倍，另外两个同事受不了，天天抱怨，我就陪着他们一起加班，分担他们的工作。他们的工作我都知道，也都会干，没什么难的，就是我比以前更忙了，回家更晚了。但是，老板并不满意，总是批评我，让我提高部门效率。我就想：我已经在帮他们了，还怎么提高？我一气之下就辞职了，去了现在这家公司。虽说还是部门经理，因为是小公司，公司的人事、行政我都兼着，其实更像综合部，工作量更大了。

“这几年感觉自己年龄大了，总加班身体也不行了，就想着回来，毕竟是从咱们集团出去的，总是有感情基础的，您说是吧？”

听完她的自述，人力资源总监笑着说了一句：“谢谢你还想着咱们集团，回去等消息吧！”

看着她离去的背影，人力资源总监实在不知该说什么。别人“敲打”与自己“醒悟”是两回事儿。过去的几年，如果她已经明白，今天她的故事会是不一样的版本。

二、负能漩涡

每个人自带气场，或明或暗，或强或弱。气场是一个人对自己“精、气、神”的存在感知，也是一个人的“精神名片”。气场感应，是一个人自身与环境之间进行“能量”交换的感受过程，如同水与鱼之间的默契感应，只是水有形，气无形。

在面试中层管理者的过往案例中，有一类应聘者，会在面试过程中以负能言辞、语态与行为，潜移默化的影响、拖拽旁人的情绪，让其他人越来越消沉，甚至耗尽最后交流的欲望。如同至暗漩涡一般，无形地吸纳身边的一切，一同被慢慢卷入令人窒息的深海，不再发声。

我称这类现象为“负能漩涡”。一个人的成长，首先体现为个人思维意识的成长。觉知自己当下的状态，知道现阶段该做什么、不该做什么，明确自己阶段性的目标。同时，更清楚自己的职场之路走向何方，今天的一小步是成就未来更优秀的自己的一大步。但总有这样的中层管理者，不知道每天忙碌为了什么。当年的职业选择与多年后的中层职位，更像是阴差阳错造就的一个麻木消沉的自己。

【案例故事】想“逃”的面试

曾为一家企业做面试考官时，一位人事经理的应聘者让我久久不能释怀。

这是一份老板的熟人推荐的简历，单看上面的教育经历与工作经历，应该是一位不错的职场人士，又从事多年人力资源工作，当时就想，见到本人应该有不少可以聊的话题。

初见她，并没有让我感觉有什么不同。但是，在老板和我一同与她沟通交流期间，我越来越感觉，我提的任何问题，她的回答总是在游离、迟疑，似乎是在半梦半醒中缓缓道来，没有表情，没有互动，话语不多，神态僵硬，好像今天的面试，只是为了完成一个不得不做的工作任务。四五个问题过后，我不想再提问了。与她的交流，让我感觉面试的会议室像是笼罩在乌压压的黑云之下，让人透不过气，只想赶紧逃离这里，哪怕是见到一缕阳光。

我身边的老板也不再说话，很快结束了面试。但是，她离开后的当天下午，我许久都缓不过来，那种被拖拽着近乎窒息的感受，让我理解了为什么她之前的公司老板会让她离开。没有正能量的部门领导，怎么会带领一个积极向上的队伍向前冲？自己没有热情，没有光彩，怎能与团队一起为企业增光添彩？

三、外力裹挟

应聘者有时会因外在的各种羁绊或顾虑，牵制自己的真实想法，从而被动应聘工作，或者在某阶段的工作机会选择中屈就自己，妥协现实的职场求职情境。以上，我称之为“外力裹挟”。尤其对于多数人至中年的中层管理者，生活的重负，往往重于自己的人生梦想。

【案例故事】职场爸爸的现实与梦想

在帮助一家国企面试驻外项目经理时，发生了一件事。

前来面试的一位男士，简历中突出的多年驻外项目经理工作经历与近两年MBA脱产学习的教育经历，看似适合招聘的岗位。但是，让我诧异的是，在他MBA学习期间，他选择的却是金融管理方向。于是，我向他问了这个问题。

他听后，笑着对我说：“当初上MBA脱产班，就是想系统地学习金融知识，希望自己能在毕业后进入金融企业工作。”我接着问他：“既然计划通过MBA脱产学习改变自己的职业轨道，为什么又来我们这样的建筑企业面试项目经理岗位？”他推了推眼镜，尴尬地笑了一下，诚恳地说：“这的确是我现在最纠结的。我大学学的是土木工程，毕业后也一直在建筑行业工作，从基层一直干到上 MBA 前的项目经理。但是，我一直对金融感兴趣，当初脱产上学，就是希望趁自己还年轻，毕业后能有再次做职业选择的机会。但计划赶不上变化，就在我上学期间，我的女儿出生了，现在女儿已经一岁，我的爱人希望我能在 MBA 毕业时找一家能落户口的企业，这样也就解决了女儿的户口问题。”

我看着他，半天没有说话。父爱如山，面前的这位父亲，是中国千万父亲的缩影——七尺男儿，爱女之心却是他最柔软的阿喀琉斯之踵——不是为自己找工作，而是为了孩子，选择搁置自己的梦想。这是一份沉甸甸的、隐痛的父爱。

他看我没再说话，主动问我：“你是不是觉得我的选择有点愚蠢？”我浅笑了一下，说：“我相信你在投简历时，不仅有充分的思想准备，更是满怀诚意与期待。但是，我认为，你应该慎重考虑，是选择投资户口，还是选择投资自己。虽然父母都希望给孩子更高的起点，让孩子比自己更优秀、比自己生活得更好，但是我一直认为局限孩子成长与成就的不是父母的地位、身份与财富，而是父母的视野。”

没想到，他听完我的话，两眼一下亮了许多，笑着对我说：“非常感谢你的建议，我会好好考虑。今天能跟你聊天很幸运，也很有收获。为了表达我的谢意，给你推荐一只我关注很久的股票——××股份，你要是也有兴趣，可以了解一下。”

作为面试官，还是第一次有应聘者推荐股票给我。虽然意外，但我相信，他已经接受了我的诚意。

予人玫瑰，手有余香。

四、戏服面具

每个人都有自己社会环境中的“臣服法则”，或向往社会地位，或满足家庭和谐，或追逐内心梦想。三者在每个人心中的地位，决定了分配个人时间上的多寡。已经升至中层管理者的职场人士，不论内心是怎样的臣服倾向，职场中的自己，已然是人情练达、世事洞明，这是“社会人”职场生存的常态，我称为“戏服面具”。

每个人如同多棱镜，在不同角度的光照下，呈现不一样的角色光彩。职场人士，因不同的职场环境选择不同的戏服面具，是独善其身，更是适者生存；对于企业，筛选适合的职场精英进入企业发展，是培养，更是共赢。

【案例故事】“完美”的招聘主管

因客户企业需要启动校园招聘项目，需增加招聘主管一职来专门负责，于是老板请我作为初试的面试官，帮他面试合适的人选。经过人力资源部的简历初筛，最终选出近二十位应聘者进入初试的面试环节。其中一位三十岁出头的短发美女，让我印象深刻。

这位工作多年的HR，穿着得体、浅含笑意。面试中，对于提问的所有工作问题，都是不徐不疾、面面俱到地一一回答，感觉是有备而来，更像是职业思维的惯性。当询问到工作细节时，她会以舒缓的节奏详略得当地讲述；追问得紧了，虽然也会讲出关键，但总是“犹抱琵琶半遮面”，没有和盘托出的畅快与用心交流的坦荡。

对于她的面试整体评价，不能说差，但也说不出哪里突出，总之，挑不出毛病。最后，为了不错失人才，我还是给了她复试的机会，由老板亲自面试、定夺人选。

在第二天的复试会议室，我作为旁观者，老板与她的面试对话，又重现了前一天我与她之间的一幕：找不出短板，但也抓不到突出的优势。最后，当老板低头不再讲话，我便结束了面试，起身将她送至电梯处，告知两天内等通知。

回到会议室，我问老板，对她感觉如何、是否考虑录用时，他只说了一句话：“先放放，咱们再看看其他人。”

这种自我保护，或许是熟稔了面试套路，或许是多年的职业习惯。但是，对于企业来说，如果看不到应聘者一个或多个突出的职业技能或能力素质匹配企业，没有企业愿意冒险，毕竟让人离开的成本比招人的成本大得多。

五、故步自封

中层管理者在专业上要独当一面，更要具备一项软实力——能力迁移。民企、外企、央企，具有代表性的三类企业，企业文化差异较大，也造就了不同文化背景的职场达人，他们在转换跑道及适应跑道的过程中，或多或少出现了不同程度的“水土不服”。

专业优势替代不了为人处世；对“事”的高效处理并不代表同样能够对“人”有犀利的洞察。但是，不少故步自封的中层管理者，迷恋自我良好的内在感受，在变化的环境中不能及时调整自己、内省自己，将自己埋于自我编织的客观理由中，拒绝内心的成长。然而，心界的“大”与“小”，一念之遥。

企业中成长到职业“天花板”的中层管理者，在职场中如何选择跑道、适应跑道，却是理想与现实的博弈。虽然有不少怀揣“丰满”理想的职场人士困于“骨感”现实，甚至质疑自己的选择，但其中也不乏强者，能够很快调整自己，安全着陆。

【案例故事】小潘的适者生存

小潘是一名民企中成长起来的人力资源经理，进入人力资源领域纯属偶然，仅仅是因为公司在初设人力资源部时，老板感觉她很适合做人力资源。人力资源虽然不是自己大学的专业，但她凭借勤奋与用心，从基层做起，不但把日常工作做得井井有条，而且边干边学，逐渐搭建起公司的人力资源制度体系，从无到有建立了公司的人力资源管理。

公司中老板与同事的认可让小潘的职业成长非常顺利，不到 30 岁便提拔为部门经理，管理 3 个人的部门团队。但因为顺风顺水，反而让小潘有了危机感，她逐渐感觉到除了人力资源工作，企业的经营与其他部门的工作内容，自己知之甚少。

于是，她选择离开培养了自己的公司，跳槽到一家不同行业的公司从事 HRBP 工作。之所以选择这个岗位，是因为她深感人力资源工作不应只是埋头做制度与流程，而是应服务企业的经营业务，人力资源与业务深度结合，才能造就组织运转的真正高效。

但是，职业角色的顺利转换并没有带来企业环境的快速适应。小潘在新公司的工作中，逐渐感受到与原公司不一样的企业文化。这是一家有国企股份的市场化企业，虽然日常管理与民企没有太大区别，但是，企业中多数中高层管理者的国企成长背景，让她经常感觉自己是“外星人”。

聪明的她看到问题后，在刚入职的半年里，不断调整自己、改变自己，很快找到了适合自己的方法：琢磨领导讲话，复盘项目任务，精进工作流程。就这样，在观察、领悟与持续的改善中，她逐渐适应了公司的管理节奏与风格，可以顺畅高效地开展日常工作了。

如今，已经在这家企业历练了三年的她，更加成熟与自信了。

以上五类“中层陷阱”，是企业在招聘中层管理岗位时常见的现象，也是不少应聘者尤其是中层管理者止步于“中层”的原因。企业可通过掌握招聘面试技术，觉知面试陷阱，避免招聘弯路，招到适合企业的中层管理者。

第二节 能力维度与面试技术

中层管理者通常已具备一定的专业能力。招聘时，软实力的考察是重点，尤其应关注胜任力中“隐性特征”的部分。基于多年的招聘经验，以下四种能力是招聘中层管理者应重点考察的通用能力，也是避免“中层陷阱”的参考。

一、创造力

对于多数从基层成长起来的中层管理者，学习力是其在某一专业领域深耕并被晋升至中层的能力基础。创造力，则是学习力的高阶发展能力，也是导致中层管理者之间存在较大成长差异的能力之一。

创造力是基于智商的基础与潜质的高阶学习力。如果说学习力是个体对现有知识进行主动摄取与内化，创造力则是个体在已掌握的知识体系基础上进行的深度思考与再加工，是超越已有知识体系并产生新理论、新方法与新技术的拓荒能力。

创造力，一方面集中体现了个体在专业深耕领域的智慧潜力；另一方面也突出展现了个体积极主动、勇于创新的进取态度。态度犹如信仰，指引行动，朝着“光”的方向。

按照创造力拓展的广度与深度，由浅至深分为以下三类，如图 4–1 所示。

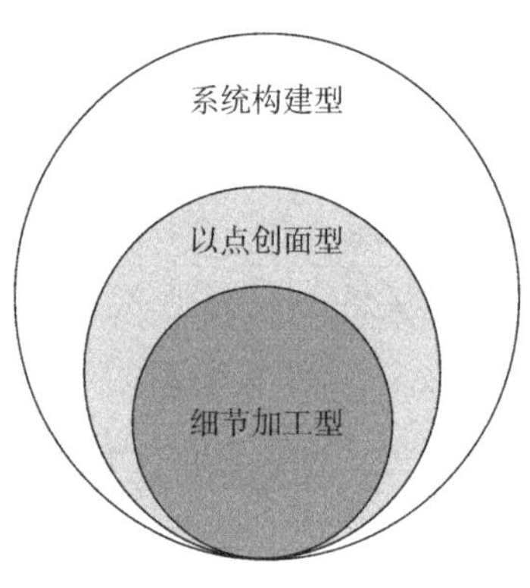

图 4–1　创造力分类图

（一）细节加工型

创造力最常见、最基础的类型是细节加工型。在专业领域工作多年的中层管理者，往往在细节方面具有超出普通员工的敏感与思考，不仅是因为专业实践的自信，更是因为预防隐患、提高效率的管理责任。此类型多体现在初为管理者的阶段。面试官可提问如下问题：

“都说‘新官上任三把火’，你刚任命为部门经理时，在部门管理上都做了哪些改进工作？能否讲述一个具体的例子？

“你对下属的日常管理，是喜欢在工作例会上统一布置，还是喜欢在你的办公室单独交代？你通常更关注下属工作的过程还是结果？为什么？”

他们的回答往往会明显聚焦细节部分，如对某项制度、流程、技术程序的改进；对下属工作过程的详细了解与纠正；交代下属工作时的事无巨细等。他们会敏感而耐心地帮助下属，在管理细节的把控与完善中获得自我满足。

此类型的创造力，可用“关键行为事件法”做评价。

“关键行为事件法”通常被用来评价与匹配岗位胜任模型的一种方法，是通过深度访谈，将访谈对象工作期间所做的成功与失败的事件进行详细的回顾与描述，从而根据绩效细节行为，提炼出岗位胜任素质。

“关键行为事件法”也适用于面试环节，尤其是面试中层管理者，在应聘者过往经历的描述中，考察其是否具有创造力等其他突出的能力。

【案例故事】“细节”处的思考

一次复试MBA考生时，一位教育行业的女考生引起了我的注意。她在入学简历的“个人优势”一栏这样写道：“具有较强的创新精神与高效执行力。”于是，我借此向她提问：“你评价自己具有创新精神与执行力的依据是什么？能不能结合你的工作实践，最好是一件具体的事，把当时发生的背景、你的行动、你的想法及感受详细说一下。”

她立即讲起工作中的一件小事。

她是在山西的一家机构负责公司运营工作，担任运营经理职位。这家机构规模虽不大，但在当地小有名气，生源还算稳定，很多家长都是慕名而来。

为进一步提高知名度与报名率，他们新开发了一个微信公众号的报名系统，家长可以在系统中以在线的形式实现课程的试听报名。新系统上线后，在试用的第一个月，她却发现线上试听课的报名远低于来机构线下咨询的试听课报名比例。于是，她开始寻找问题的根源，亲自以推荐现场咨询的家长体验微信报名预约课的方式，虚心听取家长们反馈的意见。半个月后，她终于弄清楚了系统报名率低的原因：微信公众号的报名流程，需要连续填写个人信息并点击七步才能最终完成全部报名，但很多家长并没有耐心逐一填写信息，以及按照步骤指示一个个点击“下一步”。于是，“七步点击”成了家长们选择放弃报名的关键原因。

找到了问题根源，她便带领团队重新设置报名系统的操作步骤，由七步改成四步，最大限度降低报名点击次数。改良后的“四步点击”报名系统，在第一周就看到了成效：线上报名的约课率比改进前高出了 5%。

最后她总结，工作中其实充满挑战，关键在于自己是否善于发现，主动创新。

（二）以点创面型

任何专业领域的工作内容按照一定规律，可以分模块或分步骤构成一面专业“防火墙”，为企业发展撑起此项职能的管理“保护伞”。对于从事多年职能部门工作的管理者，若已超脱管理细节的创新，将部门的职责、流程、知识、技能及具备的能力、素质进行量化加工后内化于管理，成为专业“闭环”的管理模式。此时，以细节的“点”构造专业的“面”，即为“以点创面型”的创造力。

以下问题，面试官可做参考：

“你是怎样把部门内三个不同模块主管的工作内容进行有效衔接的？你怎样保证他们之间的沟通效率，不会因为沟通不畅造成工作失误？

“对于你所在的部门，你认为高效的部门管理应该体现在哪些方面？在你之前的公司中，你认为自己做到了吗？为什么？”

他们的回答通常能够融会贯通专业领域涵盖的方方面面，清楚自己部门的工作风险点在哪里，关键协调环节是什么，自己在哪些方面需要强化下属的管理意识与能力。如行云流水般的回答往往让人酣畅、通透，闪耀着智慧的光芒。

（三）系统构建型

企业是由职能部门与管理者共同构成的一个动态发展系统，对于系统来说，整体大于部分之和。每个部门的工作目标应与企业发展保持一致，需要部门管理者清楚地知道企业在每个不同阶段的发展目标，能够将部门工作目标与之动态匹配并实现。由此，在“以点创面”的创造力基础上，高效的中层管理者还应具有系统思考的创造力，将部门置于企业的大船上，共同划桨扬帆。

面试官可做以下问题的提问：

“你认为你的部门职能在企业里的作用主要体现在哪些方面？你是怎样保证你的部门与其他部门有效沟通，不拖工作后腿的？

“能不能说一下，对于上市公司要求的内控工作，你是怎样实现部门管理的内控目标的？在整个公司的内控项目工作中，有没有与你不配合的部门？你是怎样协调的？

“在你过往的部门管理工作中，有没有帮助企业解决了大难题，让你感觉极大地发挥了部门价值或个人价值的事件？能不能简单介绍一下？”

他们的回答往往会将眼光放在企业，以实现企业利益最大化为目标，回溯自己部门的工作重点与难点，着重解决部门管理中的关键问题。

对于系统构建型的创造力考察，可采用情境判断测验的方法。

情境判断测验（Situational Judgement Test，简称为 SJT）是通过模拟工作中已经发生或可能发生的情境，让应聘者对情境中的问题反馈进行评价或选择，由此判断应聘者所具备能力情况的一种测试方法。主要考察应聘者是否有站在全局高度的问题解决能力与系统思维能力，尤其是处于复杂情境的创新思路与独特办法。

情境判断测验可采用纸质测验或口头测验两种方式。纸质测验更适合多岗位的集体面试，在笔试环节加入情境判断测验，可直观获知应聘者的思维与认知习惯，判断其能力水平。口头测验较适合单一岗位的面试，对于招聘岗位不多的企业，口头测验省时省力，在面试沟通中也较多使用。

【案例故事】“刁钻”的面试

一次帮客户招聘一位人事经理时，便采用了口头的情境判断测验。根据这家企业处于快速成长期、人数不多的特点，招聘的人事经理需要在扎实的专业知识基础上具有突出的系统思维能力，能帮助企业灵活地解决问题，落实企业决策。

面试中，我故意出了一道“刁钻”的测验题目：你所在的企业发展很快，对人才的成长速度要求很高。但是，老板逐渐发现，一位在公司干了三年的主管，日常工作中虽没有出现过明显失误或问题，但每年的绩效考核成绩总处于不上不下的一般水平。同时，他的个人收入却随公司效益与工龄的逐年提高而水涨船高。对于这样的“鸡肋”员工，老板告诉你，他的态度是“零容忍”，需要你想办法让这名主管提出离职。对此，你会怎样做？

这个题目不仅要求应聘者熟悉专业的劳动法知识，更要明白牵一发而动全身的道理，不能成为企业管理的负能量隐患。

果然，当我把这个题目讲给坐在我对面的每一位应聘者时，回答的结果五花八门，其中包括已工作几年的人力资源管理者。

前来面试的三十几个应聘者中，只有一个女孩真正理解了问题，从容地说出想法与行动。我又翻看了一下她简历中描述的工作经历：她是从餐饮业的服务生做起，但半年后就提为领班。两年后，又做了人事专员，很快又被提拔为人事主管。前来面试时，她被公司提拔为人事经理还不到一年。

于是，我问她："在这家餐饮公司做的时间并不长，是怎样在短时间内一次次做到被赏识、被提拔的？"她说："就是因为没有人告诉我该怎样做，只好自己琢磨，边干边学，根据公司的管理现状，学习、借鉴其他公司的制度、流程与方法，边修改边创新，结合大家的意见进行讨论。因为我是公司人力资源工作的最后一道关，不能给公司留下管理隐患。所以我不得不事事考虑全局，与各部门一一协商，直到他们全部接受，最后落地执行。"

我又问她："为什么刚被提拔不到一年就想离开培养了你的这家餐饮公司？"

她略微低下头，害羞地笑了一下，说："坦率地讲，我的成长离不开这家公司，也非常感激老板。但是，我更清楚自己现在的能力局限，在现在的岗位，所有工作都是摸着石头过河，没有人教、没有人带，很吃力，更不知道做得对不对。因此，非常期待能够在更规范的公司中进一步学习更加完善的人力资源管理，跟着前辈成长，提高自己的专业能力。"

虽然从细节加工型到以点创面型，再到系统构建型的由低到高的创造力能量不同，但不论属于哪种类型的创造力，都是管理者基于岗位实践的创新能力，是企业需要褒扬的人才核心能力之一。学习知识不是目的，把知识用到工作中并能妥善地解决实际工作问题，才是评判学习的意义与价值的标准，也是判断应聘者是否是潜力人才的标准。

二、平衡力

平衡力是个体对内自我管理与对外人际管理的综合能力，包括两种能力：情绪平衡与关系平衡。

（一）情绪平衡

具有情绪平衡能力的个体，不会在不恰当的情境与时间，毫无节制或不假思索地宣泄情绪，而是任何时候都对自己的情绪极为敏感，出现情绪波动时，能够及时抽离情绪状态，理智、冷静地平复情绪，将情绪引向有利于自己行为目标的方向。

（二）关系平衡

关系平衡，是能够静态地平衡相关利益体的得失、动态地把握事态发展节奏的人际关系处理能力。关系平衡又包括两个方面：决策平衡与心态平衡。

（1）决策平衡

2004 年，美国学者 Avolio、Gardner 等在真实领导开发模型中，提出了“平衡加工”（Balanced Processing）的概念，即领导者能够接受各种不同的观点，并且会考虑这些观点将怎样影响他们对一个特定的挑战或机遇做出公正、客观的解释、判断或决策。

企业发展中，管理者需要在一定条件与环境下综合听取与加工不同的观点，这样做的目的是更好地解决当下的问题，做出最佳决策。因此，决策平衡是管理者在企业发展的制衡与博弈中找出“满意解”而不是“最优解”的思考过程，是个人决策能力的集中体现。

（2）心态平衡

企业中往往有不少岗位工作虽然一直做得不错，但却得不到赏识的管理者，其中存在一个普遍的因素就是心态。心态平衡是一项重要的个人能力，凡事将自己放在最后，不自傲、不居功，考虑他人多于考虑自己，顾全大局多于攫取利益的管理者，看似付出多于所得，实则韬光养晦，是关系平衡的高手。

平衡力经常是制约管理者职场晋升的“软肋”。纵有可圈可点的专业优势，在适用“丛林法则”的企业环境，“无我”方能制胜。

考察平衡力，可采用“角色扮演法”的面试技术。

角色扮演法（Role-playing）是由面试官设置一系列尖锐的人际矛盾或事件冲突，要求应聘者扮演其中的某一角色，并在预设场景中处理各种问题，阐述自己的想法与观点。角色扮演法，通常可以让应聘者在面试官的压力与挑战中展现临场应变与缜密思维；过程中，面试官对应聘者的表现进行细致的观察与记录，并最终进行综合评判。

【案例故事】“难不倒”的市场经理

在为一家教育行业的客户做咨询服务时，讲到招聘环节，老板希望能以现场实操的方式让公司各级管理者直观地学习招聘技巧、了解面试方法。于是，老板选定公司的市场经理作为招聘演练的应聘者，人力资源主管与运营总监分别作为初试与复试的面试考官，做一次现场版的招聘实践与点评。

在人力资源主管初试前，我建议她可以考虑把“客户投诉”作为面试题目，假定一个客户愤怒投诉的场景，观察市场经理的应变能力。人力资源主管心领神会。

招聘开始，双方落座、惯例的寒暄之后，人力资源主管直切主题：“您应聘的市场经理岗位，不仅需要拓展客户输送业绩，还要处理各种客户投诉，这些您都了解吗？”市场经理点点头。她接着说：“有一天周末，你在公司前台见到一位非常生气的妈妈，说自从线上课换老师后，孩子非常不满意，因为老师的互动少，也没有情绪感染力，整堂课都是老师自己说得多，孩子越听越没兴趣。课后向微信客服反映了情况，客服答复会安排其他的资深老师给孩子上课。但是，一周过去了，没有一位老师与她联系，于是她只能亲自来机构质问。周末通常是家长咨询的高峰阶段，当时，有不少前来咨询报名的家长。现场有几位没有课程顾问接待的家长，听到这个妈妈的投诉，便带着孩子离开了。你看到这个情况会怎样解决？”

市场经理不慌不忙地说：“这种情况挺多的，我可以分三步处理：第一，先把这位家长单独请到会议室，我亲自与她交流；第二，让现场的课程顾问与其他前来咨询的家长主动沟通，或者送孩子们小礼物，尽量留住他们，为进一步了解争取机会；第三，让前台查询一下这位妈妈所说的老师是哪一位，与她联系的客服又是哪一位，我会在事后详细了解事情的原委，作为公司的案例与大家一起复盘，从中吸取教训。”

尽管回答得从容不迫，人力资源主管仍紧追不舍：“如果这位妈妈不配合你去会议室，你怎么办？如果其他家长根本不给机会，婉言谢绝并转身离开，你会让课程顾问追过去吗？如果前台查询之后，发现老师与客服都已经离职了，你打算怎么解决？”

市场经理听完一连串追问，笑着说：“看来，的确是有备而来。好吧，第一个问题：如果这位妈妈不肯去会议室，我就陪她在大厅坐下，慢慢聊，主要把握两点：第一，态度诚恳，不能急，更不能激动，一定要心平气和地讲话；第二，了解这位妈妈的最终诉求，在我权限范围之内的会当面答复；如果超出我的权限，我会请示之后，三天内亲自答复她。第二个问题：如果家长仍然要离开，我也会让课程顾问给孩子送小礼物；如果家长愿意留下联系方式，我会让课程顾问在三天内再次打电话联系他们，再约家长面谈或试课。第三个问题：如果老师与客服都已离职，我会在与这位妈妈的交流中了解更多的细节，弄清楚到底哪里出了问题。工作中不怕犯错，就怕犯重复的错！在我看来，工作中出现的任何问题，都是我们改善管理的好机会。”

人力资源主管又不依不饶地问了一句："如果那位妈妈在大厅大喊大叫，愤怒到极点，让你感觉快招架不住了，怎么办？"

市场经理听完，嘴角微扬，笑着说了一句："之前同事给我起过一个外号——'中年妇女杀手'。"

话音刚落，大家哄堂大笑。

事后，人力资源主管告诉我，这次招聘演练的市场经理是老板钦点，是公司重点培养的管理人才之一。

平衡力，不论是情绪平衡还是关系平衡，都是为人处世的智慧。中层管理者不仅要有"务实"的专业能力，更要提高自己"务虚"的平衡能力，职位越高的管理者，对其综合素质与能力的要求越高。

三、适应力

适应力，是不断适应环境变化的能力。"适者生存"的法则，使人类几千年来得以繁衍与进步。

不少中层管理者成为职场"炮灰"，其中不乏因"适应力"马失前蹄。把自己放在道德的制高点，眼中总是他人的问题而没有自我抽离的客观内省，往往会成为企业发展的牺牲品。

考察适应力时，可从简历中的"离职原因"一栏寻找突破口，采用打破砂锅问到底的"追问"法，直至追出当时发生情形的"动态画面感"，在鲜活的过往细节与起伏的思想波动中进行判断。

具备“适应力”的管理者，通常具有以下四个特点：

·以积极、乐观的心态看待周围的人和事，充满正能量。

·能够客观评价自己的优势与劣势。

·能够看到自己的现状与预期的差异，调整目标，修订短期内可达到的具体目标。

·下定决心、坚定不移地持续改变自己的思考与行为方式。

在上一节“明辨中层陷阱”的“故步自封”案例故事中，作为第一次进入国企环境就能很快调整好自己的小潘来说，她在这里的成长历程是一次“适应力”培养的最佳实践。

【案例故事】小潘的感悟

小潘的适者生存，不仅让她深刻体会到国企体制的文化，更让她的思想有了不一样的成长。

她向我分享了一段感悟：现在的企业环境虽然比之前的企业复杂，但是，这也是一次很好的锻炼机会。如果这个坎儿没有过去，即便离开了，在下一家公司如果遇到同样的问题，自己仍然是没有解决办法的。改变自己本身就是自我的成长，需要让自己多浸泡、多历练。

最后，她又补充：每个人都有自己的优势。她的顶头上司具有她没有的为人处世的能力，让她看到了国企环境里“长袖善舞”的领导如何说话行事，这一点是她需要学习的。

看到别人的闪光点，努力改变自己、使自己成长，方是培养“适应力”的成熟心态。

四、统筹力

统筹力，是融合内外资源优势、掌控事态发展与变化的能力。任何组织，大到集团企业，小到单一部门，都需要“一把手”具备一定的统筹力，制定战略，纠错纠偏，带动组织整体朝一个方向同步前进。

统筹力是企业管理者的必备软实力。通常，管理者从基层晋升后，没有及时转变工作的思路与重心，而是延续之前作为职员的思维方式与工作惯性，导致力不从心、身心疲惫，感觉没有晋升前的轻松与舒适。此类情况的出现，往往是因为执行力有余，统筹力不足。

“自己做事”与“组织他人做事”是工作的两个层次。如果不能把自己从单纯实操中抽离出来，从组织整体考虑任务安排、部署工作计划，实则丧失了锻炼统筹思维的机会，更是限制了自己成长为高阶管理者的发展通道。

管理者是否具有统筹力，主要体现为以下方面：

· 总览全局，有清晰的长期规划与分阶段、可实施的短期目标。

· 在每一阶段专注目标达成，而不是纠结过程细节。

· 了解组织中每个人的优势与劣势，肯定并包容他人。

· 善于消除紧张气氛、创造轻松气氛，能够缓和氛围或局面。

· 在组织发展中的关键节点能够打破僵局，解决争议，拉回正轨，建议方向。

考察统筹力的面试技术，可采用无领导小组讨论的方式。无领导小组讨论（Leaderless Group Discussion，简称 LGD），又称无领导小组测验，是将所有参与者组成一个小组，就某一问题进行讨论，不指派由谁充当主持人，大家任意发言，要求在规定时间内得出一个全体成员一致认可的问题解决方案。

无领导小组讨论是较为直观与高效的面试技术，因为最终以达成统一的解决策略、找到合作共识的契合点为目标，需要每位参与者在交流碰撞中展现自己在领导力方面真实的思维方式与认知水平，同时也包含对统筹力的考察。

【案例故事】高情商的美女高管

在为一家即将上市的集团做区域总经理与集团总部中层以上管理者进行人才盘点项目时，其中一个环节便是以无领导小组讨论的形式考察他们的领导力。

在组队小组成员时，集团人力资源部以十人为一组，分别由区域总经理与总部的部门总经理随机组成。人力资源部介绍，集团在全国有五十多个区域总经理，有从创业初始便追随老板的元老，也有近两年招聘进来的年轻销售精英。彼此之间不但有不小的年龄跨度，而且工作风格与个性差异也很大。平时分散在全国各地，开工作会或年会时才有机会回到北京，彼此了解甚少。这次无领导小组讨论，也是他们交流的机会，希望通过这样的随机组队，能够更多地了解他们的真实状态。

我考察的小组便是一个复杂的团队：一位年轻干练的美女

区域总；一位外省资深区域总，同时也是跟随老板创业的元老；两位平时就貌合神离的集团部门总；还有其他几位区域总与集团中层。分发完讨论的议题，主持人宣布规则与要求之后，大家开始自由发言。

作为观察员，我快速记录着每个人对问题讨论的反应。讨论开始没几分钟，那位资深区域总受不了大家七嘴八舌的讨论，突然大声厉声呵斥，面露怒色。略显嘈杂的会议室顿时安静下来，大家都不说话了。

过了几秒钟，那位年轻的美女区域总首先打破僵局，笑着说道："既然咱们今天讨论的就是把问题的方案与结论定出来，刘总说的对，咱们应该抓紧时间。咱们就根据刚才大家提的建议，逐个再讨论一下，这样高效一些，大家看可以吗？"

现场气氛立刻缓和了不少。另一位集团部门总也附和着，提出可先对某部门总提到的方案进行讨论。没想到，在一个个方案的讨论中，平时关系就紧张的两位集团部门总，矛盾开始显现：一个说可以的，另一个一定说不行。三四轮下来，最后还是没有统一方案。

时间越来越少，又是那位美女区域总提示大家："咱们要抓紧时间了，时间已经不多了。或者大家举手表决吧，举手最多的方案作为最终方案，大家说行吗？"

就这样，最后以举手表决的方式结束了讨论。在决定由谁来宣读方案时，大家推荐美女区域总做总结性发言。于是，她大方地站起来，面向主席台，微笑着陈述了小组的最终方案。

待全体散去时，我多看了一眼那位美女区域总，智商与情商兼备的美女，真是企业中一道靓丽的风景线。

这位美女区域总之所以给我留下极深的印象，在于她在讨论中关键时刻的统筹力，让大家回到问题本身，聚焦解决方案，顾全大局、适时出击。达成最终结果，不仅需要随机应变的智商，更需要掌控节奏的情商。

综上，创造力、平衡力、适应力与统筹力是中层管理者应具备的四项领导能力。中层管理者与企业职员最大的不同，是应具有管理的思维意识与行动策略，从“埋头苦干”转向“抬头看路”，逐渐适应管理者角色，成为团队领袖。

附：《管理人员面试评价表》

重点内容说明：企业文化

企业文化，是企业全体员工的底层思维逻辑与基本行为准则，是企业发展过程中所有员工统一的思想与行动。

美国学者金·卡梅隆（Kim S.Cameron）与罗伯特·奎因（Robert E.Quinn）以组织有效性的两类维度（灵活 & 稳定、统一 & 竞争）分别为坐标，形成四种文化类型，分别是等级（控制）型文化、市场（竞争）型文化、部落（合作）型文化、委员（创造）型文化。

表 4–1《管理人员面试评价表》（示例模板）

<table>
<tr><td rowspan="5">信息部分</td><td colspan="3">应聘人员姓名</td><td colspan="2">应聘职位</td><td colspan="2">部门</td><td></td></tr>
<tr><td colspan="3">所属职类</td><td>□ S 序列</td><td>□ O 序列</td><td>□ T&P 序列</td><td>□ PS 序列</td><td>□ M 序列</td></tr>
<tr><td colspan="3">企业发展阶段</td><td>□初创期</td><td>□快速成长期</td><td>□ 稳定期</td><td>□ 成熟期</td><td>□ 变革期</td></tr>
<tr><td colspan="3">企业文化</td><td>□ 等级（控制）型</td><td>□ 市场（竞争）型</td><td>□ 部落（合作）型</td><td>□ 委员（创造）型</td><td>□ 其他</td></tr>
<tr><td colspan="3">招聘策略</td><td>□ 优选</td><td>□ 强化</td><td>□ 迭代</td><td>□ 储备</td><td>□ 联姻</td></tr>
<tr><td rowspan="7">评价部分</td><td colspan="3">类别</td><td>分类</td><td colspan="4">应聘人员</td></tr>
<tr><td rowspan="6">显性特征</td><td rowspan="4">知识</td><td rowspan="2">岗位知识</td><td></td><td colspan="4" rowspan="2">□ 优　□ 良　□ 中　□ 差</td></tr>
<tr><td></td></tr>
<tr><td rowspan="2">业务知识</td><td></td><td colspan="4" rowspan="2">□ 优　□ 良　□ 中　□ 差</td></tr>
<tr><td></td></tr>
<tr><td rowspan="2">技能</td><td rowspan="2">业务技能</td><td></td><td colspan="4" rowspan="2">□ 优　□ 良　□ 中　□ 差</td></tr>
<tr><td></td></tr>
</table>

续表

<table>
<tr><td rowspan="19">评价部分</td><td rowspan="4">隐性特征</td><td rowspan="4">能力</td><td rowspan="4">核心能力</td><td></td><td rowspan="4">□优　□良　□中　□差</td></tr>
<tr><td></td></tr>
<tr><td></td></tr>
<tr><td></td></tr>
<tr><td rowspan="15">隐性特征</td><td rowspan="15">能力</td><td rowspan="4">领导能力</td><td></td><td rowspan="4">□优　□良　□中　□差</td></tr>
<tr><td></td></tr>
<tr><td></td></tr>
<tr><td></td></tr>
<tr><td rowspan="5">基本能力</td><td>创造力</td><td>□细节加工型　□以点创面型　□系统构建型</td></tr>
<tr><td>平衡力</td><td></td></tr>
<tr><td>适应力</td><td></td></tr>
<tr><td>统筹力</td><td></td></tr>
<tr><td>其他</td><td></td></tr>
<tr><td rowspan="4">岗位能力</td><td></td><td rowspan="4">□优　□良　□中　□差</td></tr>
<tr><td></td></tr>
<tr><td></td></tr>
<tr><td></td></tr>
</table>

续表

<table>
<tr><td rowspan="10">评价部分</td><td rowspan="10">隐性特征</td><td rowspan="4">能力</td><td rowspan="4">岗位相关能力</td><td></td><td rowspan="4">□优 □良 □中 □差</td></tr>
<tr><td></td></tr>
<tr><td></td></tr>
<tr><td></td></tr>
<tr><td rowspan="6">素养</td><td rowspan="3">核心素养</td><td></td><td rowspan="3">□优 □良 □中 □差</td></tr>
<tr><td></td></tr>
<tr><td></td></tr>
<tr><td rowspan="3">职业素养</td><td></td><td rowspan="3">□优 □良 □中 □差</td></tr>
<tr><td></td></tr>
<tr><td></td></tr>
<tr><td rowspan="3">总评</td><td colspan="5">面试评价：</td></tr>
<tr><td colspan="5">□录用，进入试用期 □待定，集体协商 □简历进入人才储备库 □不予录用</td></tr>
<tr><td colspan="5">考官签字： 评价时间： 年 月 日</td></tr>
</table>

四类文化的各自特点如下：

（1）等级（控制）型文化

等级（控制）型文化是以高效运营与产出为最终目标，强调管理的等级与责任，以规则、制度与流程为措施与手段，层级汇报与分类分工为管理方式，注重管理过程的规范与效率。

万科地产在业绩尤为突出的地产板块，职能制的组织架构在提高管理效率、培养人才队伍方面呈现出明显优势，规范、高效的管理体系充分体现了万科地产等级型的企业文化特点。

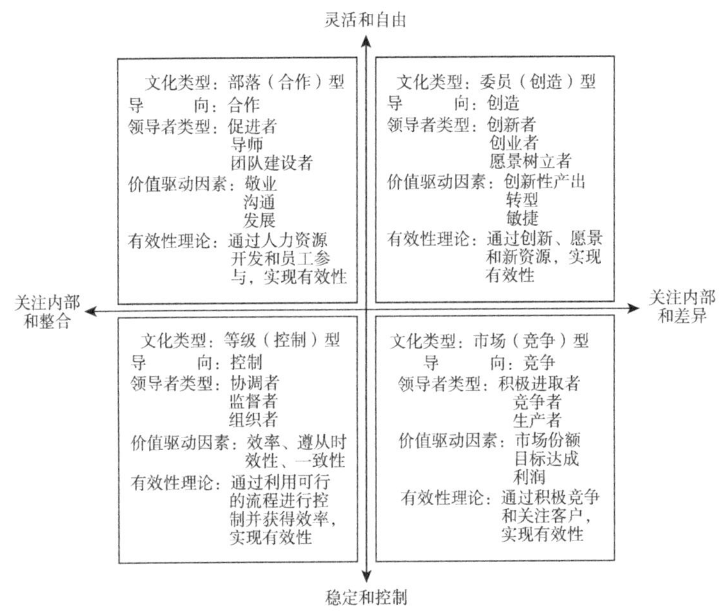

图 4–2　四种文化类型

（2）市场（竞争）型文化

市场（竞争）型文化聚焦外部环境而非内部事务，通过关注外部环境、适应变化以形成自己的竞争优势。强调市场份额的快速扩张，在获取利润的同时灵活规避风险，重视为获得市场优势而积极开拓的企业文化氛围建设，关注个体的目标达成，鼓励创新与进取，是此类企业文化的重要体现。

1999 年尚处于起步阶段的阿里巴巴，看准国内互联网高速发展的时代契机，在市场型文化的助力下，注重基层员工的招聘、培养与提升。诞生的“淘宝大学”正是崛起中的阿里巴巴强调市场竞争型文化、鼓励管理创新的机遇结晶。

（3）部落（合作）型文化

部落（合作）型文化注重团队意识与个体参与的结合，关注个体差异与能力的培养，以组织管理的人性化与充分授权为基础，强调集体意识与共同目标的实现，为员工提供宽松的工作氛围，从而提高组织凝聚力与整体发展速度。

字节跳动以“务实敢为、开放谦逊、坦诚清晰、始终创业”作为企业的行为准则。自由、坦诚的工作氛围，超常规的发展速度与年轻化的高管队伍，造就了与员工合作共赢的部落型企业文化，是字节跳动快速发展的核心能量，使其从诞生之日便是一道独特的风景。

（4）委员（创造）型文化

委员（创造）型文化将开发新产品与新服务作为企业发展的首要任务，不再关注管理的外在形式，而是强调企业愿景与使命对人才的内在激励作用，以有组织的无序状态与有约束的想象力共同作用于企业，通过超前的人才激励措施与手段，激发员工的奋斗意志与创造力，从而推动整个组织的有序发展。

从借款研发到第一款产品成功下线，孤独走过创业之始的任总正是当时华为初创期的委员（创造）型文化的第一推动者。当他幡然醒悟“灰度”管理犹如太极八卦图的妙处，便不再纠结，轻装上阵，将开放、灰度、妥协视为华为文化精髓，以“熵增”理念助力企业人才队伍培养，更以当时超前的股权激励激发员工斗志，使华为成功走出一个又一个发展困境，做到今日国内民企之巅。

在企业不同发展阶段，创始人自身的人格魅力会有意无意地带动、影响主流的企业文化。企业文化在每家企业中并不是非此即彼的存在，而是相辅相成、多种状态并存。同时，匹配此类文化特征的管理者也会随之成为当时企业发展阶段的重要力量或关键角色。

每一类企业文化，不但随企业发展阶段的不同而有所演变，而且因企业体制特点或创始人个人偏好不同，在不同发展阶段的企业，出现不同文化类型的概率也会不同。如表 4–2 所示。

表 4–2　在不同发展阶段出现不同文化类型的概率

文化类别	等级（控制）型			市场（竞争）型		部落（合作）型		委员（创造）型		
主要特点	强调等级、规则、责任与专业化			关注利润、规避风险、保持占有率		强调凝聚力、参与感、团队意识		关注创造力、想象力有组织的无序状态		
企业大概率出现阶段	初创期	快速成长期（后期）	稳定期	初创期	快速成长期（前期）	初创期	快速成长期	快速成长期	成熟期	变革期

第五章

高层管理者招聘技巧

招聘高层管理者，掌握岗位的业务知识与技能方面的专业能力是基础，决定了其能否举重若轻地分解业务、统筹全局；团队激励与资源整合的通用能力是重点，决定了其是否具有统领队伍的个人领导力；而聚焦心理资本的核心能力则是招聘的关键，决定了其能否陪伴企业持久稳定发展，真正与企业老板成为事业共同体与命运共同体。

作为公司核心团队成员的高管，他们或者独立负责业务区域，或者独当一面行使管理职能，不仅是公司老板或CEO的股肱之臣，更是所辖管理者与基层员工的言行标杆。高层管理者的招聘，往往是企业招聘的重点与难点，通常老板或CEO会亲自参与高管职位的招聘，并做最终录用的评价。因此，招聘高层管理者时考察的维度，应更加综合、全面，招聘方式应更加多样、高效。

第一节　评估专业资本

宰相必起于州郡，猛将必发于行伍。晋升至高管职级的应聘者，往往历经多年基层岗位的锻炼，一步步成长为具备领导力的管理者。他们在基层实践中经历的磨难与收获的经验，是走上管理之路的基石。评估高管的专业实力，首先应从专业资本开始。

专业资本，是从事岗位工作所积累的专业知识、技能、经验与能力的统称。专业资本涉及的范围，不仅包括具体的业务知识与技术实操，还包括业务范畴的统筹与规划。

一、知识与技术实操

高管是团队的领头羊。考察其基层知识与技术实操的能力，一方面可以辨析其是否具有下沉的专业指导能力；另一方面则可以洞悉其培养下属、搭建团队的思路与方法。

面试询问高管专业问题时，以下三种方法可作参考：

（1）分解工作任务

面试时，可提问其招聘的岗位中可能会发生的一项具体工作任务，考察应聘者能否按照实操步骤，合理地分解成若干环节或部分，并一一陈述想法与理由。

比如作为财务总监，如果需要告知一位新入职的会计，协助你完成上市公司的合并报表工作，你会如何给她讲解、安排？

（2）设定挑战性任务

可设定一项具有挑战性的工作任务，观察其是否有创新方法与具体计划。

比如作为销售总监，给你一周时间，不仅需要为没有任何销售经验的 30 人基层销售队伍做一份完整的新手销售培训计划，还需要你亲自按计划步骤实施，并且确保一周后的考试合格率在90%以上，你会怎样做？

（3）转化真实案例

可用假定招聘面试官的方式，由其面试一位本部门的基层人员，但需要根据所招聘的基层岗位的实际工作内容，开发相应的面试题目。

比如作为法务总监，如果人力资源部需要你协助提供招聘法务主管的专业面试题目，你将如何根据其岗位的工作内容出具考题，以及如何设定评分标准？

二、业务统筹与规划

作为高管，熟悉自身专业领域内的具体工作内容仅是“点”，而将涉及的全部工作内容有条不紊地串联与并联，形成工作的“面”，能够进行高效运营的统筹与规划，更是一项重要的专业能力，是在经验累积的基础上进行加工创新的专业资本。

业务统筹与规划的能力，是聚焦专业领域内具有融会贯通能力的统称，不仅包括专业知识与技能的灵活运用，还包括纵向的时间管理能力与横向的归纳演绎能力。某种程度上说，业务统筹与规划的能力，是聚焦岗位专业领域的“概念技能”的一个子集。

招聘面试时，考察高管的统筹与规划能力，可以采用“案例分析法”。“案例分析法”（Case Analysis）首先让面试者阅读有关材料或案例，深入研究组织、团队或个人所面临的处境或问题，对提出的问题予以分析、解决并形成书面或口头报告的测评方式。

“案例分析法”中的材料信息，通常是将所招岗位中涉及的有关工作内容进行加工后，提炼出具有代表性的信息、数据与情景，以案例的形式予以呈现。

【示例】某集团招聘人力资源总监的笔试案例

某集团拟招聘总部人力资源总监一职，在笔试环节，增加了案例分析题目，内容如下。

集团属于通讯器材行业，成立已逾20年，目前年产值近50亿元，立足北京，辐射全国39个省市区域。随着集团的快速发展，外部聘请的职业经理与内部创业元老之间矛盾逐渐凸显。他们不但在薪酬、考核、晋升等方面存在沟通不畅，而且在管理团队、培养下属等方面也存在不同意见与分歧，导致员工经常因多头领导或领导之间意见不统一而无所适从，高管之间、部门之间扯皮现象越来越严重。集团董事长也觉察到此现象，准备引进外部的管理咨询专家进行诊断、分析与梳理，改变现状，使集团管理得到明显优化与提高。

这项工作将由总部人力资源总监牵头负责，工作内容主要包括寻找外部咨询专家、项目进程中收集总部与各区域的建议、落实咨询项目计划、按照时间节点把控进程节奏等，最终配合外部咨询专家完成全程咨询项目的有效实施，尤其当外部咨询建议与内部实操落地出现衔接不畅时，牵头予以解决。

你作为这一职位的应聘者，准备如何有计划地开展此项工作？可简述工作流程与思路。

第二节　考察人脉资本

人脉资本，是发现、调动他人的优势与资源，并适时组合形成更强合力与更高能量的能力统称。对于高层管理者，人脉资本的杠杆效应与优势往往更加明显：对内实现人才梯队的有效激励，管理团队，风生水起；对外整合社会资源的游刃有余，熟稔人脉，长袖善舞。

人脉资本主要包括两方面：团队激励与资源整合。

一、团队激励

心理学中有一现象，叫作“皮格马利翁效应”（Pygmalion Effect），讲述了古希腊神话中的塞浦路斯国王因爱与祈祷，雕刻的少女最终如愿变成了他的妻子的故事。后来，人们就用“皮格马利翁效应”说明期望与赞美会产生令人意想不到的奇迹。

企业中，“皮格马利翁效应”同样适用，可以帮助团队实现更高目标与超预期的成果，尤其当企业高管善于运用有效的激励方式与手段时。

高管常用的激励方式通常体现为以下五种类型，如图 5-1 所示。

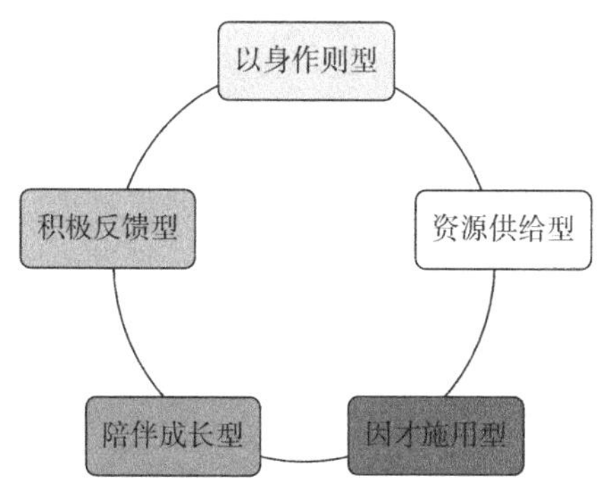

图 5-1　团队激励分类图

（一）以身作则型

高管的以身作则，对于增强下属的信心最具说服力与感召力。不管是组织中的规章制度，还是挑战性的工作任务，行动是最好的老师。

前阿里巴巴高管张丽俊在一次“混沌大学”的公开课上，讲述了这样一件小事。在阿里巴巴加班的一天晚上，当她沿着长长的走廊走向洗手间时，发现前面大概十米远的距离，正走着他的领导关明生。他忽然停了下来，慢慢蹲下，捡起地上的一个烟蒂，起身走向前面不远的一个垃圾箱丢了进去。看见这一幕，她怔住了——时任阿里集团 COO 的关总无意间给她上了“自律”的生动一课。领导的以身作则是企业文化“无声”的号角，是文化凝聚力生生不息的源泉。

（二）资源供给型

资源供给型的高管，在下属或团队需要支持时，或者在任务的关键节点，往往会全力提供能力范围之内的物质资源与人脉资源，协助他们最终完成工作任务。此类型的高管多是以工作目标为导向，重视团队力量，弱化形式主义，在团队中时时处处给予他人温暖的帮助。

（三）因才施用型

不少高管善于识人与用人，看人犀利，入木三分，洞悉秋毫。他们对团队的激励更多的是“因材施教”：深谙个体优势，匹配工作环境，激发成功信心。

自我效能，是个体激发内在动机、调动认知资源、采取必要行动并成功完成某项工作任务的信心与信念。有研究表明，高的自我效能与工作绩效之间有强的正相关性。通常，人们对于能够发挥自我效能的工作更有信心，从而激发工作动力，达到甚至超过预期工作目标。因才施用的高管，会把合适的人放在合适的位置与环境，他们是调动团队成员内驱力的实战教练。

（四）陪伴成长型

有的高管在关注团队整体业绩的同时，尤为关注团队成员的个人成长。他们会在下属需要协助或工作遇到挫折、委屈时，给予及时的指点与引导；会在他们职业发展遇到停滞或选择无措时，给予贴心的关怀与点拨。他们善于观察团队成员的情绪，善于主动沟通与分享。陪伴成长型的高管，更像是团队的心灵导师，以精神慰藉与思想启发帮助下属成长。在实际工作中，陪伴成长型的高管在企业关键岗位或核心骨干的人才培养方面尤其具有优势。

【案例故事】润物无声的“男神”高管

一位保险业高管，四年前从其他行业的企业管理者扎进保险业，从基层保险经纪人开始做起，如今已带领二十几人的团队，成为公司管理的中流砥柱。她的奋斗历程离不开团队Leader的帮助与爱护。

几年前，因为想给刚出生的孩子多买一份商业险，对比了几家保险公司之后，她不仅了解了不同公司的产品差别，还意外地发现，自己对保险行业很有兴趣。正准备跳槽的她，在一位保险业内朋友的推荐下，去了一家知名保险公司做了保险经纪人。但是，工作四个月之后，她渐渐发现了公司管理中的漏洞，以及团队内部的混乱与高管的视而不见。这一切让她非常失望，甚至怀疑自己是不是选错了行业。

一天，在浏览微信朋友圈时，发现了一则转发的保险公司招聘海报。于是，抱着试一试的想法去了公司面试，没想到入职了。在入职后的培训中，公司完善的新人起步制度与互帮互助的团队氛围，不仅让她对保险工作有了更深层的理解，还暗自庆幸自己加入了一个阳光、积极的团队。尤其让她深深触动，至今不能忘怀的，是团队 Leader 的一件小事。

在她入职后不久，一位重庆的老板朋友对公司的产品很有兴趣，希望她能过去深入讲解。自知资历尚浅，又不想错过如此重量级的朋友，于是她向团队 Leader 求助，希望能一同前往，助自己一臂之力。没想到，Leader 不仅欣然答应，还自掏腰包买了两千多元的机票，陪她一同飞往重庆。对于当时底薪不高、业绩尚处于起步阶段的她来说，两千多元的机票着实是一笔不小的开支。心存感激的她，到了重庆，不仅见识了 Leader 的专业学识与个人修养，还深刻感受到公司"为客户服务"的理念内涵，现身说法的 Leader 给她上了生动的一课。

业内已小有名气的她，自然也是猎头关注的人选。但是，即便是同样具有职业魅力的 Leader 与团队诱惑，薪酬也更有吸引力，她也从未考虑过离开。

在她看来，现在的 Leader 不仅是前辈，更是恩人。她的职业梦想就在这里，不会离开了。

这位极具魅力的团队 Leader，正是以他"润物细无声"的陪伴引领着团队，使大家凝心聚力，手拉手、肩并肩，成就了一个不平凡的"非凡家族"。

（五）积极反馈型

高管对下属工作的感谢、赞美、赏识等积极反馈与认可，是强有力的正向激励，不仅可以提高团队的工作绩效，还可以增强下属的工作信心与自我认同。善于适时认可、赞美团队的高管，即使下属没有达到预期工作目标或业绩，也会反馈以正能量，强化团队表现出来的成功行为，给予下属持续向前的鼓励与力量。

以上五种类型，不论高管具备哪一类或哪几类，通常都会对团队产生积极正向的激励作用，不仅可以增强团队成员的工作信心，还会明显增强组织文化的正能量，提高组织凝聚力。

二、资源整合

美国耶鲁大学心理学家罗伯特·斯滕伯格（Robert J Sternberg）与从事群体效率研究的温迪·威廉姆斯（Wendy Williams）在贝尔实验室进行了高效率的明星工程师与较低效率的普通工程师之间效率差异的决定因素研究时发现，明星工程师群体与普通工程师群体之间，个人能力只存在很细微的差别，关键的差异在于，明星工程师为了完成任务所运用的内在策略与人际策略，尤其是在解决问题或处理危机时，会得到关键人物的及时回应与帮助。之所以出现两者之间效率的较大差异，是因为高效率的工程师通常在需要帮助之前，已经在企业内建立了可靠的关系网，一旦需要他人的建议或帮助，总能获得较快的回应，使问题迅速解决。

非正式网络，不仅包括狭义上企业内部的非正式关系网，社会人脉资源更是广义上的非正式网络。建立广泛的社交网络，依靠的正是资源整合能力。

资源整合能力，是以情商为基础、体现社会活动能力的人脉资本。

每一位职场人士在职场圈中，都会或多或少地积累自己的社交人脉，不论是行业同人还是职业同行，熟悉的工作语言与相似的职场环境。如果彼此性情相投、经历相似，则更会产生情感共鸣，由工作中的同事转变为生活中的好友甚至知己。随着工作时间的积累与个人阅历的增长，往往也在不断扩大着社交圈，个人的社交网络随之形成。能否在工作需要时调动与整合人际网络中的资源，帮助自己或企业解决实际问题，是对非正式网络能否发挥价值的考验，也是企业面试高层管理者时可参考的标准之一。

面试高管的此项能力，需要企业一把手在面试时，结合企业发展阶段、长期发展战略与短期发展计划，进行有针对性的提问。面试的问题可以是岗位工作中随时可能发生的事件，也可以巧妙地把未来企业发展可能需要的社会资源引入面试问题，观察应聘者回答的自信程度与社交能力。

比如准备三年内上市创业板的企业，拟招聘财务总监岗位。面试时可用“是否参与过一个准备上市的公司完整周期的审计工作”“你都认识哪些相关机构”等问题进行询问。如果应聘者的简历中描述了曾在证券行业或审计师事务所的工作经历，以及参与的上市企业项目，则会有更多的面试机会。

第三节　聚焦心理资本

中国香港著名实业家李嘉诚先生曾说："我们要学会用智商解决问题，用情商面对问题。"如果说企业招聘时，专业资本的体现依靠的是"智商"——用知识、技能，以及业务的统筹规划、融会贯通来解决工作实际问题，那么人脉资本的经营则是依靠"情商"——用企业内部的有效激励与企业外部的人脉资源面对形形色色的困扰与难题。但招聘企业高层管理者，仅有专业资本与人脉资本是远远不够的，还需要成熟、稳定、持久的心理资本。

一、心理资本的内涵与外延

美国内布拉斯加州大学的管理学家弗里德·路桑斯（Fred Luthans）教授将心理资本定义为：个体在成长和发展过程中表现出来的一种积极心理状态。具体表现为四个方面：

· 自我效能：在面对充满挑战性的工作时，有信心并能付出必要的努力来获得成功。

· 乐观：对现在与未来的成功有积极的归因。

· 希望：对目标锲而不舍，为取得成功在必要时能调整实现目标的途径。

· 韧性：当身处逆境和被问题困扰时，能够持之以恒，迅速复原并超越，以取得成功。

心理资本的内涵，以人才胜任力的“冰山模型”为参照，是体现个体隐性特征中可觉察、可培养的能力与素养的统称。心理资本的外延，不仅包含专业资本与人脉资本，更是专业资本与人脉资本在第三维度的丰富与延伸，可以更加立体地考察人才的深层动机与发展状态。对于高层管理者，实现招聘策略的迭代（为组织选人）、储备（为战略选人）与联姻（为文化选人），并与企业文化进行深度匹配，心理资本的考察尤为重要。

基于自我效能、乐观、希望与韧性作为心理资本的理论基础，结合多年为企业做人才咨询的案例参照，我开发了人才发展的“心理资本‘十力’模型”，如图 5–2 所示。

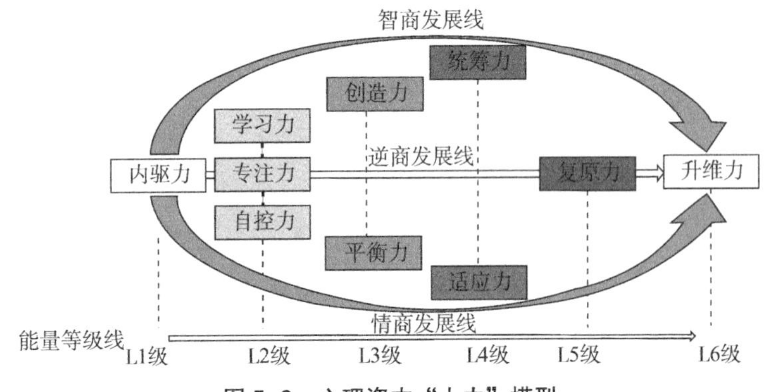

图 5–2　心理资本“十力”模型

二、心理资本“十力”模型

人才发展的心理资本“十力”模型，包含十项体现个人心理状态的胜任能力，分别为内驱力、学习力、自控力、专注力、创造力、平衡力、统筹力、适应力、复原力与升维力。

“十力”模型按照四个维度，分成一条能量等级主线（内驱力）与智商、情商、逆商的三条指数发展辅线。

按照能量成长由低到高的顺序，分别为：L1 级—内驱力；L2 级—学习力、自控力与专注力；L3 级—创造力与平衡力；L4 级—统筹力与适应力；L5 级—复原力；L6 级—升维力。

按照三条指数发展辅线：智商（智力指数）、情商（情绪指数）与逆商（逆境指数），“十力”分别属于不同的发展曲线：智商包括学习力、创造力与统筹力；情商包括自控力、平衡力与适应力；逆商包括专注力、复原力与升维力。

能量，物理定义是“物质运动转换的量度”。世间万物，运动是物质最基本的属性；虽然物质之间运动形式不同，但能量是一切运动物质的共同特性。根据能量守恒定律，如果把“人”作为运动的载体，那么，一个人的能量越强，与外界互动的作用力随之越强。能量等级决定着一个人自身的能力段位，也是企业选拔不同层级管理者对应其段位能力的参照标准。

依据能量等级主线，依次做以下六级心理资本的发展介绍。

（一）L1 级 – 内驱力

内驱力，美国斯坦福大学心理学教授阿尔伯特·班杜拉（Albert Bandura）（1986—1997）称之为“自我效能”，是个体激发动机、调动认知资源并采取必要行动成功完成特定工作的信念或信心。

内驱力是个体自主自愿自发体现动机的能力，是个体主动克服困难，不断持续向前的不竭动力之源。

美国罗切斯特大学心理系的两位心理学家爱德华·L. 黛西（EdwardL.Deci）与理查德·瑞恩（Richard Ryan）于 1970 年提出“自我决定理论（Self–determination Theory）”，从人性心理需求角度分析了动机诉求。他们指出：如果人持续有动机做一件事情，必须同时满足三大心理成因——自主感、胜任感和需要感。自主感，就是自己决定事情是否做、怎样做；胜任感，就是感觉自己在事件行动中能胜任；需要感，是自己被他人需要、认同的愉悦感。如图 5–3 所示。

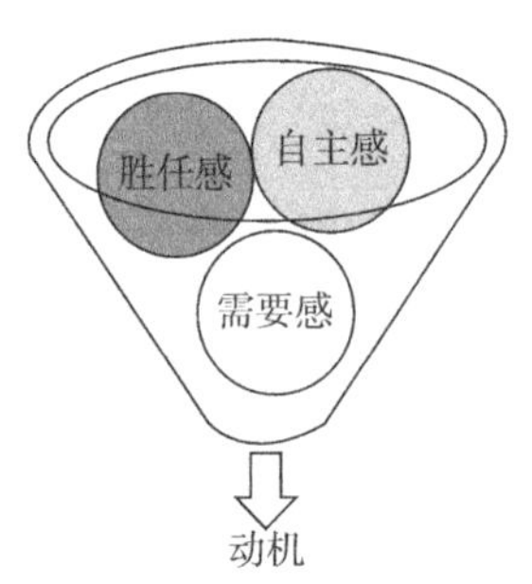

图 5–3　动机的心理成因图

自主感、胜任感、需要感，就是讲述人与自我、人与事件、人与他人的三种关系，是内驱力产生的三个维度。

自主感，源于内心目标与事件行动相一致，是对自我的认知与肯定；胜任感，是事件本身需要的能力与自身相匹配，从而激发自己的行动欲望；需要感，则是被他人认同个人价值或能力的成就感，是启动并使事件行动持续的动力。

当三个维度成为合力，输出的动机一定是正能量的内驱力；当三个维度中有一个乏力或无力，内驱力将被打折甚至内耗、抵消，无法产生持久的能量。

人的内驱力，如同一辆跑车的发动机，发动机的功率越大，跑车的时速也会越快。内驱力是每个人愿不愿、想不想行动的根本因素，也是企业招聘时需观察和评价的首选心理资本。

企业不但要找到“不待扬鞭自奋蹄”的内驱力人才，有效匹配招聘岗位与个人的能力，而且在人才入职之后，应不断认可与鼓励人才成长，使人才与企业一同正向做功，成为与企业共同发展的合力。

（二）L2 级 – 学习力、自控力与专注力

1. 学习力

美国密歇根大学罗斯商学院诺埃尔·蒂奇教授（Noel M.Tichy）把人认知世界的层次划分成三圈区域。如图 5–4 所示。

最里面是舒适区（Comfort Zone），中间是学习区（Learning Zone），最外层是恐慌区（Panic Zone）。这三个圈起来的区域，分别代表个体的客观状态与学习意愿。

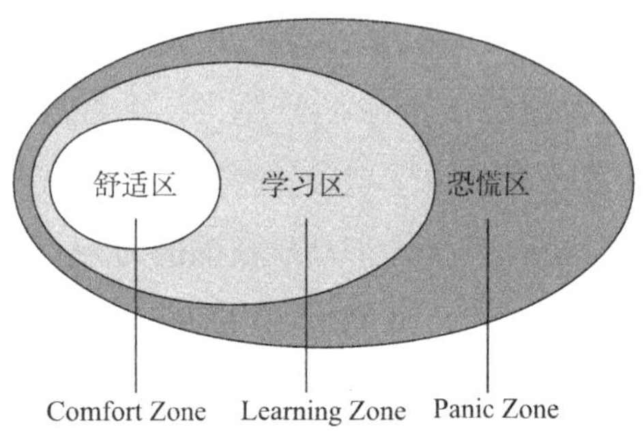

图 5–4 认知世界“三区”模型图

20 世纪 70 年代末，美国斯坦福大学教授卡罗尔·德威克（Carol S.Dweck）曾针对孩子之间的智商与思维方式的差异，提出了“成长型思维模式”（Growth Mindset）的概念。他认为，孩子之间的根本差异不是人们常说的智商，而在于思维模式，思维模式的差异会导致智商出现分化。简言之，就是思维模式会改变智商。

“成长型思维模式”便是学习力的最好体现。具有这项能力时，他们相信自己的潜力，困难和失败只是帮助自己进步的挑战。每当他们突破自己的“舒适区”去学习新知识、迎接新挑战，大脑中的神经元就会形成新的、强有力的联结，长久下去，他们变得越来越聪明。

德威克教授还认为，人的学习能力是可变的，并随着人的努力程度而变化。一个人衰老的直接体现不是年龄的增长，而是不再学习。对自我成长要求高的人，多半是求知欲强、爱学习的人：学他人所长为己所用，阅他人之事为己所思，是成长路上的成功捷径。

每个人都有认知边界，我们司空见惯或曾经成功的经历与经验，往往也是认知枷锁，在“自动驾驶”模式下无意识地“浇灭”零星迸发的创意火花与创新思想。只有运用“成长型思维”有意识地自我觉察，主动抓取，由内向外从舒适区进入学习区，才能让我们更加智慧地迈入成功之路。

2. 自控力

1954 年，美国心理学家朱利安·洛特（Julian Bernard Rotter）创造出了“控制点”这个术语，把由内部或外部控制的决策预期称为“控制点”，用来说明个体在面临很多问题或情境时如何作出最佳判断的态度。直白地说，就是对于发生的好事与坏事的归因思维，是归于内因还是外因；是相信自己主宰命运、改变现状，还是认为存在某种外在操纵的力量，而自己能做的非常有限。

胜人者有力，自胜者强。自控力，不仅包括面对外在困难或逆境的态度与行动的控制力，还包括内在自我情绪的有效控制与管理。不合时宜的情绪宣泄会让人丢掉冷静与理性，蒙蔽客观认知，甚至作出错误的判断与决策。

自控力是个体自我觉察、自我反省、自我调整的能力，是管理自我、控制自我的充分体现。正如“一屋不扫，何以扫天下”，管理不好自己，无从谈起管理他人、管理团队、统领组织。

3. 专注力

专注力，是对目标或任务所具有的持久、稳定的注意力与行动力，不受内在情绪与外在环境的干扰。

基于多年咨询实践与研究，我发现专注力主要体现为以下四个维度：聚焦、觉察、深度思考与毅力。

· 聚焦——将全部注意力集中当下事务的能力。

· 觉察——在干扰出现时，能自我觉知、识别并主动驱散的能力。

· 深度思考——沉浸问题之中并创造性地产出问题结果的能力。

· 毅力——对长远目标日复一日、持久坚持的能力。

“心心在一艺，其艺必工；心心在一职，其职必举。”不论专注短期目标还是长期目标，潜心专一领域内持久目标的研究与深耕，是专注力的本质。

作为能量等级第二梯队的学习力、自控力与专注力，是应届生由校园进入职场、转变角色、立足社会的潜力挖掘点（详见本书第二章第三节的 ISLA 面试法），也是企业中的基层员工高效掌握岗位知识与技能应具备的能力。

L2 级能量的学习力、专注力与自控力的历练升级，是心理资本成长阶梯的第二阶，也是企业员工由胜任迈向优秀的能力进阶之路。

（三）L3 级 – 创造力与平衡力

1. 创造力

如果说学习力是个体对现有知识的主动摄取与内化；创造力则是个体在已有知识体系的基础上进行再加工，超越已有框架体系并产生新理论、新方法或新技术的能力。

创造力，一方面集中体现了个体在外界事物启发下，智慧能量的激发；另一方面也突出展现了个体积极主动、勇于挑战的人生态度。态度如信仰，指引行动，朝着光的方向。

2. 平衡力

平衡力不仅包括自我节制的情绪平衡，还包括均衡组织内相关个体的得失与利益的关系平衡，是可以动态地把握事态发展节奏的综合能力。

平衡力与自控力的区别在于：自控力是个体对自我的约束与控制的能力；平衡力则是针对外界的事或人的关系进行协调与制衡，是处理人与事之间、人与人之间关系的能力。平衡力也是个体情商的直接体现。

L3 级能量的创造力与平衡力，是心理资本成长阶梯的第三阶。作为能量等级的第三梯队，也是优秀员工胜任主管、一线经理等初级管理岗位所应具备的心理资本。从熟悉业务到管理他人，初级管理者的领导力在创造力与平衡力中不断收获思考与成长，是思维的第一次跃迁：创造力可帮助他们有条不紊地协调下属的事务性工作；平衡力可使他们游刃有余地建立各方面的人际协作关系。

（四）L4 级 – 统筹力与适应力

1. 统筹力

统筹力，作为融合内外资源优势、掌控事态发展与变化的能力，也是初级管理者领导力跃升的体现。

世间万物的阴阳属性，如同“太极八卦图”，你中有我，我中有你。没有非黑即白的区域，也没有善恶分明的结局。“灰度”认知是开启人生智慧的一把钥匙，求大同而存小异，集优势于一隅，方能利出一孔，合力断金。

2. 适应力

如达尔文所言：“适者生存。”人在任何社会环境中，要么适应，要么离开，要么取代。中国台湾学者曾仕强教授在讲到中国人的处事时，用了一个非常精妙的词：“圆通。”他说，“圆滑”是老于世故，但“圆通”却是外圆内方。他赞同为人处世与待人接物，可以“圆通”，但不要“圆滑”。

科学证明，人类大脑的物理结构具有可塑性，也证实了个体适应力的可培养性。心理咨询师帮助前来咨询心理问题的访客时，通常会采用一种心理学的方法改变他们的困境：通过改变他们大脑思维的认知，进而改变他们的生活习惯。这种心理治疗方法称之为“认知行为疗法”。“认知行为疗法”是典型的通过“心法”改变“技法”的实践，也是适应力的最好体现。它的基本原理，就是坚信自己的想法与信念会影响自己的感受与行为，通过对自己、他人及周围环境的思维方式的改变，获得更好的自我感受，进而直接影响自己的情绪与行为。

当我们以“认知行为疗法”改变自己的思维方式时，便迈出了适应力的第一步。当不断强化的认知思维驱动行为上的持续改变，适应力随之会在潜移默化中不断改善与提高。

L4 级能量的统筹力与适应力，是心理资本成长的第四阶，也是初级管理者迈向更高管理职级的必备能力。

（五）L5 级 – 复原力

复原力，是自发地在挫败中站起，对自己仍怀有预期与信心的自我认知与行动力。如同蹦床时的回弹，每次向上的弹跳都是累积之前回合的所有力量，奋力争取下一次的成功。作为专注力的高阶能力，复原力是专于一隅、勇于突破、不畏艰辛、努力向上的正能量。复原力不但包括由内而外的坚韧，而且包括摒弃过去的勇气。

强者仰望前方，重振旗鼓；弱者归咎抱怨，放弃逃离。“故天将降大任于斯人也，必先苦其心志，劳其筋骨，饿其体肤，空乏其身，行拂乱其所为，所以动心忍性，增益其所不能。”孟子所描述的挫折成长，正是复原力的生动体现。

复原力可以将最艰难的处境转化为积极的挑战，向内寻找自己内心的动力与问题出现的根源，一旦找到，迅速调整行动，把失败统统抛在脑后，向着前方继续进发！

复原力的维度主要体现在以下四方面：

心态：不以抱怨或恐惧的态度面对失败与挫折，而是坦然接受现实，不归责于外因。

思想：不让错误与失败的念头在大脑停留过夜，转换频道，将注意力放在下一时刻、下一目标。

行动：自我反省、纠错，对自己的行为警觉，在前进中避免重复犯错。

动力：向内寻找前进的动力，不因已经犯过的错误停止脚步，瞄准方向，勇往直前。

马云曾说："今天很残酷，明天更残酷，后天很美好。但是，大多数人死在了明天晚上。"在个人高阶能力的成长过程中，是否具备复原力，是企业管理者尤其是高层管理者迈向卓越领导人的必经之路。

L5 级能量的复原力，是心理资本成长阶梯的第五阶。

（六）L6 级 – 升维力

相信不少人有类似的经历：与身份或职位越高的人交流，越没有障碍，沟通起来越舒服。这是因为身份与职位越高的人，更具有强大而立体的气场能量包容外在空间，此时此刻，静观人与物，自然更清晰、更通透。升维力，正是增加能量维度、以高维观察、思考、判断低维的超然生命力。

觉知当下，不被困惑；洞悉内在，不畏艰难。升维力是个体的思想开悟，是人的格局、视野，是"致虚极，守静笃"。如同坐在直升机中，以俯瞰的心理高度觉知自己当下的个人体验，冷静判断人与事。升维力是开阔宽广的胸襟与长远笃定的眼界，是致虚守静的清姿空明。

升维力主要体现在三个方面：直觉、价值观与使命感。

1. 直觉

多元文化系统集成的倡导者刘丰老师，曾在采访众多成功的专业人士与企业家时，问过他们一个同样的问题："当初为什么要选择坚持，什么原因让你们在困难中继续这样做？"他们竟然无一例外的回答："直觉。"

直觉，看似是人们主观潜意识的灵感，实则是高维能量的意识在低维空间的投影。这种无形与奇妙的觉知，是个人累积的高维能量场向内心的聚合力，是升维力的直观体现。

2. 价值观

1963 年 8 月 28 日，美国黑人民权运动领袖马丁·路德·金（Martin Luther King）在林肯纪念堂前发表的演讲《我有一个梦想》（《I Have A Dream》），点亮了每一位美国人的爱国之心。他激昂澎湃的演讲展现了他意图改变国家的坚定信念，这是价值观聚合的、真实愿景的力量。

英国心理学家丹娜·左哈（Danah Zohar）认为，愿景通过提高人类的动机层次来提升自身视野。但是，发出愿景的人必须具备深刻的价值观。也就是说，价值观是引导他人感受真实愿景的本源。她还认为，人之所以为人，就是因为人类拥有深刻的价值观，可以在组织与社会中发挥潜能。

价值观包含三种类型：个人价值（与个人生活相关的，如勤劳、节俭等）、人际价值（界定自己与他人、与组织之间关系的，如忠诚、诚信等）与超越人的价值（超越自身与组织、有关生命与宇宙万物的，如正义、无私等）。

价值观如同隐藏在升维力中的音符，在不同人的生命轨道上跳跃，谱写出不同的人生乐章。

3. 使命感

使命感是一种被能量召唤并努力实现的内心真实渴望，是舍我其谁的天赋使命，也是对人生意义的终极回答。

使命感来自感恩与敬畏。

（1）感恩

感恩是对受惠于他人的回馈与帮助，不论身处顺境还是逆境，相信一切都是最好的安排。

2020 年底国内首映的美国迪士尼动画影片《心灵奇旅》，讲述了中学音乐老师乔伊·高纳美妙的心灵之旅。高纳一生都执着在最好的演奏会上演奏钢琴的梦想，就在梦想即将实现的前一天，却不幸掉入地下管道，在似生非生的境界，他的灵魂进入宇宙中的心灵学院。在那里，为了重生，他被动服从着学院导师的安排，带着 22 号灵魂在地球经历了一天他习以为常的生活，却意外地让这个多年毕不了业的 22 号找到了自己的地球通行证火花。但是，高纳太想回地球了，自私地拿走了通行证，22 号却迷失了自己，走进忘我之境。回到人间的高纳，看到 22 号留下的树叶、咬了一半的甜甜圈，忽然想明白了。他又重回忘我之境，把通行证交给 22 号，让 22 号如愿获得了新生。在高纳坦然接受自己生命即将终结的结局时，心灵学院的导师却意外出现了，导师说：“为了感谢你对 22 号的帮助，以及带给导师们的启发，你将有再一次重回地球生活的机会。”

在这个故事中，高纳感恩 22 号帮他点亮了人生意义的火花。同样，启发灵魂的导师们感恩高纳，因为导师们也受到了他的启发，用生命影响生命——高纳成就了他人，内心坦然平静，也成就了自己，重获新生。

感恩之心，是生命长河的绿洲，在我们疲惫无力之时，让心灵靠岸。

（2）敬畏

敬畏是对一切当下所得持有的由衷的尊重与谦卑。平淡的从容不难做到，难得的是高光时刻的淡定与谦恭：得利时不居功自傲，得理时不咄咄逼人。坦荡内心，诠释着淡泊明志、宁静致远。

多年前看中央电视台的《百家讲坛》，其中“鲍鹏山讲水浒”系列，鲍老师的独特视角与犀利语言，印象尤为深刻。至今记得主持人对鲍鹏山老师进行最后专访的场面。主持人问到鲍老师如何评价热播的水浒系列讲座时，他停顿了几秒，大致是这样说的：其实，虽然我已经讲完了“水浒”系列课，但对《百家讲坛》始终怀有“敬畏”之心。我算不上什么“大家”，只是个大学老师，老师就是教书育人，这是我的职责与使命。能有这样的机会与电视观众见面，是荣幸、责任，更多的还是对“讲坛”的敬畏，希望自己没有让观众失望。

能够登上《百家讲坛》的学者，相信是具备了相当学识与才华的人。但是，面对光环与赞誉，鲍老师却以“敬畏之心”感恩讲坛——风淡云清的学者风骨，难能可贵。

由直觉、价值观与使命感所体现的升维力，是心理资本成长阶梯的第六阶，也是卓越领导者通常具备的高阶能力。

由此，招聘的高层管理者职级越高，需要候选人具备的能力阶梯越高、能力越综合。

针对心理资本的“十力”，结合心理资本的相关理论，本书开发了“十力（3Q10A）”线上测评体系。以“十力”中每项能力所包含的维度设计测评题目，不仅统计出个体在十项能力中所具备的能量阶梯，还从智商、情商、逆商三个角度出具数据结果，可以直观地看到被测者的心理资本段位，以及与所招聘岗位的匹配程度。

第四节　实操面试技法

了解了企业发展阶段、企业文化与招聘策略在招聘匹配高管时的权重分配，在之后的筛选高管简历、通知初试等环节，可运用技术方法进一步圈出更为精准匹配的高管候选人范围，提高面试成功率。

一、辨识“假面具”

企业在招聘高管的前期，往往是由人力资源部发布招聘信息、初步筛选高管简历，甚至有时还会被授权进行高管职位的第一轮初试，再将初试通过的人选推荐给更高一级的管理者或企业 CEO 进行复试。

但是，在高管初试环节，不论是人力资源部的单独面试，还是会同其他高管的集体面试，人力资源部往往因为“未来”

高管的职位压力而潜意识流露出不自信与应付：简化初试流程，不能深入提问，不去深度探究、剖析应聘者的各项能力与职位的匹配等。选错高管不仅是公司的机会成本，更会在公司内部产生“涟漪效应”——负能量如同水中涟漪，悄无声息地一波波扩散开来，拖拽、离析组织战斗力。

以下为三类面试高管职位时常见的“假面具”现象——应聘者的表现往往会误导面试官，使面试官评价时不经意间放大应聘者的优势，无视存在的不足，作出误判。

（一）虚实结合，故弄玄虚

高管的工作年限往往都在十年以上，对于不少招聘工作不足五年的人力资源工作者来说，面对年龄、经验远超自己的高管应聘者，难免会心里打鼓，面试时，简单客套的寒暄与浅尝辄止的提问成为常态。如果让应聘者渐渐感觉到坐在对面的面试官不够自信，提问的形式大于内容，便会不自觉地表现出强势的语气与虚实结合的回答，更让面试官没有抓手，无从判断。

这类表现主要集中在以下三个方面：

第一，任何问题的回答只讲概念、不落地，没有细节，没有案例。

当被面试官追问事件的过程或关键内容时，总以类似于“这个太专业了，很难一句两句说清楚”，或者直接说“案例倒也不少，只是咱们的面试时间有限，恐怕也只能讲一个大概”之类的回答搪塞，不能深入交流具体问题，更多是敷衍与没有结果的沟通。

第二，以自己是高层管理者自居，突出自己的管理能力与个人作用。

习惯性地展示自己是为公司出谋划策的重要管理角色，提建议、说概念、讲策略是主要工作，具体执行是下属或团队的事情。最常见的回答是："这些具体工作都是我的下属去落实，我只是布置工作任务，做他们的监督与指导。"

第三，强调自己在团队中的领导力，但说不出具体且信服的激励方式与案例。

在被问及带领团队的方式方法与激励手段时，经常是一幅"舍我其谁"的姿态，常见的回答："我离开时，我们系统的那些人都要跟我出来，我不得不一个一个地说服他们。"若被问到为什么会如此追随时，通常是以抬高自己的方式，或者说"个人魅力吧"，或者说"我平时对他们都不错，可以理解"之类的回答，没有具体的激励细节。

（二）夸大优势，彰显资源

做到企业高管职位的管理者，通常具有较为资深的专业知识、能力与熟悉、稳定的业内人脉圈。如果面试官在提问中涉及个人优势或人脉资源，不少高管应聘者会滔滔不绝地谈论自己某项目的成功是基于某人脉，或者一个接一个地讲述自己的成功案例，全力彰显自己的个人能力与圈内的人脉广度，夸大个人价值。

【案例故事】“精干”的投资部经理

一位上市公司的人力资源总监魏总，与我分享了一位投资部经理的面试经历。

公司要为投资部招聘部门经理，由魏总进行复试，之后推荐给集团副董事长，也是投资部的直属上级终试。在其同事筛选出简历、通知来公司面试的应聘者中，有一位尤为特别。

面试开始前，身着白衬衣、戴着金丝框边眼镜的刘先生，拿出电脑，从容坐下，一边开机一边说：“不好意思，我今天带了电脑，面试中用电脑可以更方便咱们的面试交流。”寒暄过后，当魏总问到他曾负责过哪些成功的投资案例时，他的话匣子打开了，开始找寻电脑中的项目资料，一个一个地讲述当时的项目背景与他带领的团队考察的翔实数据。最后，伸出左手，说：“你看，这五个项目，如果当时公司的老板足够重视，能听我的投资建议，就不会造成这五个项目都让别的公司下山摘了桃子。”他用力张着的手掌在他胸前使劲儿晃了几下，让魏总猛然意识到：与其说他是在替公司惋惜，不如说是诉说自己怀才不遇的委屈。于是，魏总笑着问他：“是不是离开现在的公司，也跟这方面有关系：不被重视？”他说：“这只是一方面，我很看好上市公司的平台，自己的能力和优势更有机会得到发挥。”

虽然对他所说的项目半信半疑，魏总还是把他的简历与面试评价表一同交给了副董事长，由经验更丰富的上级给予更加客观与准确的评价。果不其然，他的名字并没有被副董事长列入终试名单。

之后，副董事长只向魏总交代了一句："他在简历中写到的项目，以及他在面试中提到的并不像他理解得那样简单。作为投资部经理，没有钻研的耐力与稳重的心态，是做不好投资项目的。"

（三）在意细节，缺少宏观

与前两类面试盲区不同，此类情况通常出现在较为关注细节的高管岗位，如财务总监、研发总监等。虽然应聘者目前已是总监职位，但是，或者其担任总监职位所带领的团队人数不多，管理幅度不够宽；或者担任高管职位的工作时间并不长，还没有找到高管的感觉。这两种情况下，应聘者都会在面试时不自觉地讲述自己日常琐碎的工作细节，试图用详细的案例展现自己积极的工作态度与细心、敬业的个人品质。

【案例故事】健谈的财务总监

一次，一位关系不错的猎头公司老板邀请我给公司里的猎头顾问做一次面试高管职位的培训，并且安排了案例实操，当天下午就有一位应聘财务总监的候选人前来面试。

面试之前，我简单了解了甲方客户的需求、看了候选人的简历。不久，候选人王先生准时来到公司，在会议室坐下，我与另一位猎头顾问坐在他的对面，一起面试。

能够感受到，他对这个应聘的职位极为重视，不仅带来了个人证书与奖状的原件，还带来了书面的项目报告，嘴角始终挂着笑意，言语中带着兴奋。他对我们的任何问题都极为认真、主动，有时甚至会不自觉地用手边比画边描述，投入地讲解事件当时的情景。

在我有意识地问到他带领团队的管理经验时，我发现他眉头略蹙了一下，稍作停顿，开始讲起多年前从事的基层财务岗位经历：当年自己的吃苦与勤奋如何让领导赏识；如何服从公司调遣去了外地；如何在外地工作三年后开始管理当地五人的部门等。我一边耐心听着，一边思考着他的敬业与勤恳——他带来的公司奖状足以证明。但是，作为总监级别的管理者，不应拘泥工作事件本身，而是应提炼出自己的工作方法与管理思路，带领团队群策群力。在我看来，如此细致地描述自己的成长历程，恰恰是管理能力不自信的表现。

送走王先生，我给猎头顾问的建议是：这位勤劳肯干的王先生的面试情况要真实客观地反馈给客户，如果客户需要的正是一位自驱力强，管理团队人数不多，不需要太多战略理念的财务总监，可以推荐试试；如果客户需要的是能理解集团战略，为集团财务系统掌舵的领航人，他还是有差距。

之后，猎头顾问告诉我，她按照我的建议与客户深入交流了这位候选人的面试情况，客户不仅认可与赞同，还主动提出，追加几个高管职位的招聘合作。

二、提问技巧

在提问高管问题时，以下五类提问可帮助面试官高效评价高管应聘者。

（一）提问连续问题

提问时，可抛出两个或三个或递进或转折的问题，由应聘者逐一回答。连续问题的提问，不仅可以观察应聘者在短时间内的记忆力、语言组织能力与表达能力，还可以判断其逻辑思维能力与归纳演绎能力。

【案例故事】“拷问”销售总监

一次 MBA 考生线上面试，一位上市公司的美女销售总监让我印象深刻。

面试开始后，在她介绍自己期间，我也快速浏览完她的简历，了解了她目前就职的企业与职位。于是，根据她的工作经历，我一口气问了三个问题：“在你的简历中，从原来的那家企业跳槽到现在的上市公司，薪酬翻了三倍，你认为这次成功跳槽是运气多一些还是基于自己的能力？第二个问题，你在现在的公司已经工作两年了，能不能与我们分享一下你在这两年中遇到的最困难的事件，以及你的解决方式？第三个问题，你报考我们学校的 MBA，是因为对自己目前的工作感到力不从心、能力不足吗？你希望通过 MBA 的学习收获什么？”

她听完我的问题，不疾不徐地从第一个问题开始回答："我的确是因为一位前辈的推荐来到现在就职的公司，但是前辈说得很明白，现在的这家上市公司已经远没有之前辉煌，虽然薪酬不错，但是管理混乱、人员复杂，如果真的决定入职，会面临不小的工作压力，需要有充分的思想准备。"随后，她又分享了自己刚入职时的麻烦与困境，以及她在多重压力下如何勇往直前，带领老队伍实现业绩突围。最后，她也坦诚地说出自己的学历问题，只有本科学历的她，在工作的这几年没有再进修。现在，不论是自己的职位还是上市公司的工作环境，她都感到不小的压力与局限，想给自己"充电"。虽然需要个人工作中持续努力，但是知识与能力的提高也必不可少。于是，她选择了半脱产的 MBA 学习形式，希望能在上学期间，将日常工作实践与学校的管理知识适时融合，全面提高自己、让自己更加胜任目前的职位。

听完她的讲述，我能深切感受到她在工作时迎难而上的力量与愈挫愈勇的锐气。我微笑着感谢她的回答，也由衷地祝福她能够在 MBA 的学习中，如愿收获成长。

（二）考察时间管理

对于职场人士，时间管理不是由直属上级的指示或要求来决定，而是由每个人认为的工作重要性来决定。高管应将自己工作中的大部分时间放在重要工作上，而不是自己擅长的工作、下属需要帮助的工作，以及习以为常的"救火"工作。

参考问题如下：

· 能否说一下，你上班通常做的第一项事务性工作是什么？

· 目前你正着手解决的最重要的一项工作是什么？

· 近几天里，你拜访的一位公司之外的业内朋友是为了帮助你解决公司的什么问题？

· 在公司里，你与哪个部门或业务系统打交道最多？为什么？

· 你所在的部门或系统的例行会议周期是多长时间？一周还是一个月？是你规定的吗？为什么？

· 基层员工通常是向你汇报工作，还是向你的下属，也是基层员工的直属领导汇报得更频繁？你觉得有问题吗？

· 你要求自己这半年在工作中的成长目标是什么？现在目标完成的如何？

如果以“二八定律”量化，高管的工作时间，应将 20% 的时间用于解决当下的问题，80% 的时间用于解决企业发展的问题。只有合理安排工作时间，才能高效地管理自己，在属于自己的管理层级平台上更快地成长。

（三）思考合作偏好

高管作为企业核心管理层的一员，往往是由 CEO 或老板直接领导与管理。招聘的高管与 CEO 之间是否性格相投、配合默契，也是面试时必不可少的考虑因素。但是，高管职位的应聘者，不但有一套自己自成体系的管理理论，而且对于所应聘企业的老板风格，往往也有自己的应聘偏好。

举例来说，如果应聘者偏爱充分授权、释放舞台、充分发挥自己优势的老板，但是，所在的企业老板恰恰是事必躬亲，希望下属事无巨细多汇报、多沟通的管理风格，这样的上下级合作势必不会长久。

问题参考如下：

· 能否简单介绍一下，你喜欢什么样的老板风格？是希望老板对自己放权多一些、信任多一些，还是需要自己汇报多一些、指点多一些？为什么？

· 能否说一个你最不喜欢的老板管理风格？或者是在你曾经的工作经历中，有没有一段让你最头疼的与企业老板配合的经历？

· 你认为企业老板对高管核心团队的管理，是应该事无巨细地过问，还是应该抓大放小地放权？或者还有什么你认为更高效的管理方式？

· 在你曾经工作的企业中，有没有一位让你感动的企业老板？如果有，是什么事情触动了你，可以分享一下吗？

（四）了解内省品质

晋升至高管职级的管理者，不论是逐级升任还是越级升迁，往往都会体现出企业对其以往工作能力的认可与欣赏。不少高管应聘者，在面试时难免会出现职业生涯“高光时期”的个人错觉与自我膨胀。职场高光阶段，面临问题与困难时，多向内找寻成长与突破的内因，而不是外求环境与他人的外因，方是高管难能可贵的品质。谦虚自省的高管，能够适时收敛光芒，时时自我内省与疗愈，这样的高管，才能带领团队走得更远。

问题参考如下：

·如果在老板参加的公司周例行会上，与你平级的同事向你提出某项工作的质疑，你会怎么处理？

·你的下属经常向你主动汇报、反馈工作结果吗？如果结果没有达到预期，你都是怎样与其交流并解决的？

·你经常组织自己的团队进行项目活动的复盘吗？能不能大概分享一下复盘的流程？

·你有没有因为团队的业绩很糟糕，导致你在老板那里被批的经历？如果有，你怎样与老板沟通此事？又是与团队如何复盘的？

（五）告知公司现状

有不少企业在面试高管过程中，即使高管即将入职，也不会主动、如实告知公司当下遇到的棘手问题，或公司客观存在的不足，而是出于美化公司形象，或者“先让人进来”的心态，“欢喜”入职。但是，招聘的高管入职后发现与面试时描述的企业情况差距较大，通常在试用期之内就会主动离职，为自己及时止损，不会拖泥带水。最后，终究是企业自己承担招聘失败的沉没成本。招聘时企业的故意拖延与隐瞒，不过是掩耳盗铃、自欺欺人。

如果企业希望招聘进来的高管在入职后能够真心实意地帮助企业解决当下问题、与企业共同发展，面试时的“真诚相告”

尤为重要——如实告知亟待解决的问题，如实反映公司当下的问题与困境。最重要的是，要真正体现出“我们一同攻坚克难”的诚意与信心。

如此，一方面真诚的告知可以使高管候选人理性客观地了解公司现状，权衡自己加入的得与失；另一方面也是对高管候选人的抗压能力与个人实力的挑战与考验,真正找到“对”的人。

【案例故事】精诚所至，金石为开

这是一位人力资源总监董总从国企跳槽到一家刚借壳上市不久的民企的故事。

跳槽之前，她在国企已经工作了六年，深感职场“天花板”的压抑。忧烦之际，一位好友向她推荐了一家刚上市不久的公司，并且告诉她，公司总部正在招聘人力资源总监一职，如果感兴趣，可以引荐她去试试。

当这家公司电话通知她面试时间时，基于国企严格的考勤纪律，她主动提出可否等到周末面试。没想到，对方不仅爽快答应，还问她上午与下午，哪个时间段更方便。

周六，按照约定时间，她来到上市公司所在的办公楼。当她走进正对着电梯的大门、找到会议室时，发现围坐在椭圆形会议桌边的竟然有五个人。坐在最外面的一位中年男士看到她进来，立即站起身笑着一一向她做介绍：副总经理、审计部总经理、外地一家二级公司的总经理（正巧出差到北京），还有一位年纪不大的招聘主管。最后，他自我介绍，他是公司总经理，也是之前联系她的那个人。

她没想到会有这么多人在等她，而且总经理的平易近人更是让她受宠若惊。面试中她渐渐了解到，那位最年轻的招聘主管是公司为了今天的面试，特意从某央企集团请过来帮忙的。因为公司刚上市，之前因上市拖延的战线太长，不少人相继离开了。虽然最后成功上市令大家惊喜不已，但是作为公司总部，除了个位数的几位老员工，已经无人可用。这次招聘的集团人力资源总监职位，不仅需要承担当下大量的招聘工作，还要配合内控工作要求，负责搭建总部组织架构、完善人力资源管理体系、拟定各项人力资源制度等管理“拓荒”工作。作为面试官的他们，对人力资源工作领域实在外行，又希望招到专业、满意的人选，不但组成了四人高管面试团，而且借力其他公司的招聘专业人员前来帮忙。

交谈中，她逐渐了解了上市公司的整体架构：总部在北京、董办在重庆、三家直属二级公司分别驻地两省，另有几家资产不错的三级公司，将在未来几年陆续进入上市公司。

这样集团体量的管理规模，对于当时在国企直属二级公司担任人力资源部经理的她来说，的确是不小的挑战，但更是成长的机会。最后，那位二级公司总经理的一番话让她动了心。

他说：“现在公司正处于上升发展期，客观地说，公司在人力资源方面需要做的事情很多，工作量也很大，而且这个职位又很重要，但是今天坐在这里的几个人，说实话，在人力资源领域，真的没有你专业、没有你有发言权。我们希望你不仅加入我们，还能和我们走得更久更远，公司发展需要志同道合的人才，希望我们能够结伴而行、共同成长。”

面试结束之后，没想到，总经理亲自把她送到电梯口，与她告别。

就这样，经过几天的深思熟虑，她最后决定离开国企，加入这家挑战与机遇并存的上市公司。几年过去了，现在的她仍能清晰地记得当年面试的情景。她说："是公司的真诚打动了我，让我决定一搏。现在看来，当初的选择没有错。"

附：《高管面试评价表》

表 5-1 《高管面试评价表》（示例模板）

<table>
<tr><td rowspan="5">信息部分</td><td>应聘人员姓名</td><td></td><td>应聘职位</td><td></td><td>部门</td><td></td></tr>
<tr><td>所属职类</td><td colspan="5">□ S 序列 □ O 序列 □ T&P 序列
□ PS 序列 □ M 序列</td></tr>
<tr><td>企业发展阶段</td><td colspan="5">□初创期 □ 快速成长期 □ 稳定期 □成熟期
□ 变革期</td></tr>
<tr><td>企业文化</td><td colspan="5">□ 等级（控制）型 □ 市场（竞争）型 □ 部落（合作）型 □委员（创造）型 □其他</td></tr>
<tr><td>招聘策略</td><td colspan="5">□ 优选 □ 强化 □ 迭代 □ 储备 □ 联姻</td></tr>
</table>

续表

<table>
<tr><td rowspan="16">评价部分</td><td colspan="2" rowspan="2">类别</td><td rowspan="2">分类</td><td colspan="3">应聘人员</td></tr>
<tr><td>案例分析</td><td>面试</td><td>心理测评</td></tr>
<tr><td rowspan="3">专业资本</td><td rowspan="2">知识与技术实操</td><td>专业知识与技术基础</td><td></td><td></td><td></td></tr>
<tr><td>挑战性工作</td><td></td><td></td><td></td></tr>
<tr><td colspan="2">业务统筹与规划</td><td></td><td></td><td></td></tr>
<tr><td rowspan="7">人脉资本</td><td rowspan="6">团队激励</td><td>以身作则型</td><td></td><td></td><td></td></tr>
<tr><td>资源供给型</td><td></td><td></td><td></td></tr>
<tr><td>因才施用型</td><td></td><td></td><td></td></tr>
<tr><td>陪伴成长型</td><td></td><td></td><td></td></tr>
<tr><td>积极反馈型</td><td></td><td></td><td></td></tr>
<tr><td>其他</td><td></td><td></td><td></td></tr>
<tr><td colspan="2">资源整合</td><td></td><td></td><td></td></tr>
<tr><td rowspan="4">心理资本</td><td>L1 级</td><td>内驱力</td><td></td><td></td><td></td></tr>
<tr><td rowspan="3">L2 级</td><td>学习力</td><td></td><td></td><td></td></tr>
<tr><td>自控力</td><td></td><td></td><td></td></tr>
<tr><td>专注力</td><td></td><td></td><td></td></tr>
</table>

续表

<table>
<tr><td rowspan="10">评价部分</td><td rowspan="6">心理资本</td><td rowspan="2">L3 级</td><td>创造力</td><td></td><td></td><td></td></tr>
<tr><td>平衡力</td><td></td><td></td><td></td></tr>
<tr><td rowspan="2">L4 级</td><td>统筹力</td><td></td><td></td><td></td></tr>
<tr><td>适应力</td><td></td><td></td><td></td></tr>
<tr><td>L5 级</td><td>复原力</td><td></td><td></td><td></td></tr>
<tr><td>L6 级</td><td>升维力</td><td></td><td></td><td></td></tr>
<tr><td rowspan="4">补充项目</td><td colspan="2">时间管理</td><td></td><td></td><td></td></tr>
<tr><td colspan="2">合作偏好</td><td></td><td></td><td></td></tr>
<tr><td colspan="2">内省品质</td><td></td><td></td><td></td></tr>
<tr><td colspan="2">其他</td><td></td><td></td><td></td></tr>
<tr><td rowspan="3">总评</td><td colspan="6">面试评价：</td></tr>
<tr><td colspan="6">□ 录用，进入试用期　　□ 待定，集体协商
□ 简历进入人才储备库　□ 不予录用</td></tr>
<tr><td colspan="6">考官签字：　　　　评价时间：　　年　　月　　日</td></tr>
</table>

附　录

招聘通用工具表格

一、《招聘需求申请表》

表 1《招聘需求申请表》（示例模板）

<table>
<tr><td rowspan="5">基本信息</td><td>用人部门</td><td></td><td>申请岗位</td><td></td><td>申请人数</td><td></td></tr>
<tr><td>申请日期</td><td></td><td>计划到岗日期</td><td></td><td>最晚到岗日期</td><td></td></tr>
<tr><td>薪酬标准（税前）</td><td colspan="5">□ 月度工资__元　□ 年薪__万元
□ 月度劳务费__元　□ 其他</td></tr>
<tr><td>岗位职级</td><td colspan="5">□ 职员级　□ 中层管理级
□ 高管级　□ 实习生　□ 返聘</td></tr>
<tr><td>岗位职类</td><td colspan="5">□ S 序列　□ O 序列　□ T&P 序列
□ PS 序列　□ M 序列</td></tr>
<tr><td rowspan="2">基本信息</td><td rowspan="2">申请原因</td><td colspan="5">□ 离职补充　□ 增加编制　□ 岗位空编
□ 人员储备　□ 人员置换</td></tr>
<tr><td colspan="5">□ 其他</td></tr>
</table>

续表

<table>
<tr><td rowspan="12">岗位信息</td><td rowspan="6">工作职责</td><td colspan="2"></td><td colspan="5"></td></tr>
<tr><td colspan="2"></td><td colspan="5"></td></tr>
<tr><td colspan="2"></td><td colspan="5"></td></tr>
<tr><td colspan="2"></td><td colspan="5"></td></tr>
<tr><td colspan="2"></td><td colspan="5"></td></tr>
<tr><td colspan="2"></td><td colspan="5"></td></tr>
<tr><td rowspan="6">任职资格</td><td rowspan="2">教育背景</td><td>学历要求</td><td>□ 博士</td><td>□ 硕士</td><td>□ 本科</td><td>□ 专科</td><td>□ 其他</td></tr>
<tr><td>专业要求</td><td colspan="2">□ 本专业：</td><td colspan="3">□ 相关专业：</td></tr>
<tr><td rowspan="2">工作经验</td><td>同岗位</td><td colspan="5">□________年及以上相同岗位经验</td></tr>
<tr><td>相关岗位</td><td colspan="5">□________年及以上，________等相关岗位经验</td></tr>
<tr><td rowspan="2">知识技能</td><td>知识要求</td><td colspan="5"></td></tr>
<tr><td>技能要求</td><td colspan="5"></td></tr>
</table>

续表

<table>
<tr><td rowspan="6">岗位信息</td><td rowspan="5">任职资格</td><td rowspan="2">能力</td><td>岗位能力</td><td colspan="3"></td></tr>
<tr><td>其他能力</td><td colspan="3"></td></tr>
<tr><td rowspan="3">其他要求</td><td>职（执）业资格</td><td colspan="3"></td></tr>
<tr><td>职称</td><td colspan="3"></td></tr>
<tr><td>补充要求</td><td colspan="3"></td></tr>
<tr><td colspan="2">招聘渠道</td><td>□ 公司内部</td><td colspan="3">□ 公司外部（□校园招聘　□社会招聘）</td></tr>
<tr><td rowspan="3">流程审批</td><td colspan="2">用人部门</td><td colspan="2">年　月　日</td><td>人力资源部</td><td>年　月　日</td></tr>
<tr><td colspan="2">用人部门领导</td><td colspan="2">年　月　日</td><td>人力资源部总监</td><td>年　月　日</td></tr>
<tr><td colspan="2">总经理</td><td colspan="4">年　月　日</td></tr>
</table>

重点内容说明：

1. 岗位职级

对标拉姆·查兰（Ram Charan）关于大型公司主要职业发展阶段的六层领导梯队模型，相对中小企业规模小、层级少的特点，可按照三大类职级进行分类合并，如表 2 所示。

（1）职员级

通常指部门主管或副经理级别以下的岗位，即“个人贡献者”。他们以完成自己岗位职责内的既定任务为工作目标。主要包括：

表 2　领导梯队发展阶段

对应职级 / 分类	领导梯队发展阶段					
拉姆·查兰六阶段	个人贡献者（管理自我）	一线经理（管理他人）	部门总监（管理经理级人员）	事业部副总经理（管理职能部门）	事业部总经理（管理事业部）	集团高管（管理业务群组）
中小企业三大类职级	职员级	中层管理者		高层管理者		

①主业务岗位：代表、助理、技术员、技师等。

②非主业务岗位：助理、专员、主管、出纳、会计等。

（2）中层管理级

通常指部门副经理级别以上（含）、公司副总级别以下的职位，对应**“一线经理”与“部门总监”两个发展阶段，主要工作职责是带领基层团队完成上级布置的阶段性工作任务。主要包括：**

①主业务岗位：部门副经理、部门经理、总监等（有的公司会根据“总监”级管辖下属的人数与业务区域的需要，归于高管级）。

②非主业务岗位：区域主管、部门副经理、部门经理等。

（3）高管级

通常指公司 CEO 的核心团队职位，主要对应“**事业部副总经理**”**“事业部总经理”两个发展阶段。对于某些规模稍大的中型集团企业，还包括管理业务群组的集团高管。高管级的主要岗位包括：**

①主业务岗位：区域副总、业务总经理、事业部副总经理、事业部总经理等。

②非主业务岗位：总监、副总经理等。

（4）实习生与返聘

按照是否具备与企业签订劳动合同的主体资格，企业中的岗位还包括签订劳务合同或协议的实习生与退休返聘人员。

2. 岗位职类

主要包括管理职类、主营业务职类与非主业务职类。

（1）管理职类

职种包括经营决策、管理运行、落实执行等。岗位序列通常为 M 序列（Management），通常包括公司总监、副总经理、总经理等管理决策岗位。

（2）主营业务职类

① 营销职类、销售职类（对应“强客户”的企业核心竞争力）。

职种包括营销管理、市场推广、售后与客服支持等。岗位序列通常为 S 序列（Sales），包括销售代表、销售主管、销售经理、销售总监、销售区域副总、销售总经理等岗位。

②运营职类、管控职类（对应“强运营”的企业核心竞争力）。

职种包括运营执行、内部控制、信息管理等。岗位序列通常为O序列（Operation），包括运营专员、内控专员、信息专员、运营主管、内控主管、运营经理、内控经理、运营总监、运营副总等岗位。

③研发技术职类、生产职类（对应“强产品”的企业核心竞争力）。

职种包括技术开发、生产制造、生产计划、生产辅助等。岗位序列通常为T序列（Technology）或P序列（Production）。

T序列通常包括技术员、技术主管、技术部经理、技术总监、技术副总等岗位。有的公司还设有“技师”岗位，包括初级技师、中级技师、高级技师等。

P序列通常包括资料员、材料员、计划员、施工员、组长、班长、主任、厂长等岗位。

（3）非主业务职类

职种包括财务管理、人事管理、审计与法务、商务与行政等。岗位序列通常为PS序列（Professional Support）。包括财务管理的出纳、会计、财务主管、财务经理等岗位；人事、审计等其他专业管理类的专员、主管、经理等岗位。

3. 申请原因

（1）离职补充

现有岗位人员离职造成的岗位空缺。

（2）增加编制

因年度计划任务的大幅提升或企业提升品牌影响力、市场占有率的需要，突出体现为增加基层人员招聘。

（3）岗位空编

因企业战略发展或整体业务调整，增加新设部门的相应岗位。

（4）人员储备

为企业人才梯队的发展提前储备新人。

（5）人员置换

因企业内部的轮岗置换产生的岗位空缺。

4. 工作职责与任职资格

按照《岗位说明书》，所招岗位的职责描述与任职资格的相关内容简写如表 3 所示。

表 3 《岗位说明书》（示例模板）

岗位说明书			
一、岗位基本信息			
岗位名称		岗位编号	
所在部门		岗位编制	
直接上级		岗位薪酬等级	
直接下属岗位名称及人员数量		间接下属岗位名称及人员数量	
二、岗位目的			
三、组织关系图			

续表

<table>
<tr><th colspan="5">四、工作联系</th></tr>
<tr><td colspan="2">联系对象（部门或单位）</td><td>联系对象</td><td>联系内容</td><td>联系频次</td></tr>
<tr><td rowspan="3">内部</td><td>部门 1</td><td></td><td></td><td></td></tr>
<tr><td>部门 2</td><td></td><td></td><td></td></tr>
<tr><td>部门 3</td><td></td><td></td><td></td></tr>
<tr><td colspan="2" rowspan="2">外部</td><td></td><td></td><td></td></tr>
<tr><td></td><td></td><td></td></tr>
<tr><th colspan="5">五、职责与工作任务</th></tr>
<tr><td rowspan="3">职责一</td><td>职责表述</td><td></td><td>责任角色</td><td>绩效标准</td></tr>
<tr><td rowspan="2">工作任务</td><td></td><td></td><td></td></tr>
<tr><td></td><td></td><td></td></tr>
<tr><td rowspan="4">职责二</td><td>职责表述</td><td></td><td>责任角色</td><td>绩效标准</td></tr>
<tr><td rowspan="3">工作任务</td><td></td><td></td><td></td></tr>
<tr><td></td><td></td><td></td></tr>
<tr><td></td><td></td><td></td></tr>
</table>

续表

<table>
<tr><td rowspan="4">职责三</td><td>职责表述</td><td></td><td>责任角色</td><td>绩效标准</td></tr>
<tr><td rowspan="3">工作任务</td><td></td><td></td><td></td></tr>
<tr><td></td><td></td><td></td></tr>
<tr><td></td><td></td><td></td></tr>
<tr><td rowspan="4">职责四</td><td>职责表述</td><td></td><td>责任角色</td><td>绩效标准</td></tr>
<tr><td rowspan="3">工作任务</td><td></td><td></td><td></td></tr>
<tr><td></td><td></td><td></td></tr>
<tr><td></td><td></td><td></td></tr>
<tr><td>职责五</td><td>职责表述</td><td></td><td></td><td></td></tr>
<tr><td colspan="5">六、主要权限</td></tr>
<tr><td colspan="5"></td></tr>
<tr><td colspan="5"></td></tr>
<tr><td colspan="5"></td></tr>
<tr><td colspan="5"></td></tr>
<tr><td colspan="5">七、任职资格</td></tr>
<tr><td>胜任项</td><td>胜任子项</td><td colspan="3">具体要求</td></tr>
<tr><td>学历</td><td>学习形式</td><td colspan="3">☐ 全日制 ☐ 在职研修 ☐ 自考
☐ 函授 ☐ 成人高考 ☐ 夜大</td></tr>
</table>

续表

<table>
<tr><td>学历</td><td colspan="2">学历层次</td><td>□ 博士 □ 硕士 □ 本科
□ 专科 □ 高职高专 □ 中专</td></tr>
<tr><td rowspan="2">经验与经历</td><td colspan="2">工作经验</td><td></td></tr>
<tr><td colspan="2">培训经历</td><td></td></tr>
<tr><td rowspan="6">知识</td><td rowspan="4">专业知识</td><td rowspan="2">岗位知识</td><td></td></tr>
<tr><td></td></tr>
<tr><td rowspan="2">业务知识</td><td></td></tr>
<tr><td></td></tr>
<tr><td colspan="2" rowspan="2">基础知识</td><td></td></tr>
<tr><td></td></tr>
<tr><td rowspan="3">技能</td><td colspan="2">岗位技能</td><td></td></tr>
<tr><td colspan="2" rowspan="2">业务技能</td><td></td></tr>
<tr><td></td></tr>
<tr><td rowspan="6">能力</td><td colspan="2" rowspan="2">核心能力</td><td></td></tr>
<tr><td></td></tr>
<tr><td rowspan="4">通用能力</td><td rowspan="2">领导能力</td><td></td></tr>
<tr><td></td></tr>
<tr><td rowspan="2">基本能力</td><td></td></tr>
<tr><td></td></tr>
</table>

续表

<table>
<tr><td rowspan="4">能力</td><td rowspan="4">专业能力</td><td rowspan="2">岗位能力</td><td colspan="2"></td></tr>
<tr><td colspan="2"></td></tr>
<tr><td rowspan="2">岗位相关能力</td><td colspan="2"></td></tr>
<tr><td colspan="2"></td></tr>
<tr><td rowspan="2">素养</td><td colspan="2">核心素养</td><td colspan="2"></td></tr>
<tr><td colspan="2">职业素养</td><td colspan="2"></td></tr>
<tr><td colspan="5">八、其他</td></tr>
<tr><td>所需制度规范</td><td colspan="4"></td></tr>
<tr><td>工作环境</td><td colspan="4"></td></tr>
<tr><td>常用工具设备</td><td colspan="4"></td></tr>
<tr><td colspan="5">审核记录</td></tr>
<tr><td>岗位确认：</td><td colspan="3">直接上级确认：</td><td>人力资源确认：</td></tr>
<tr><td>日期：</td><td colspan="3">日期：</td><td>日期：</td></tr>
</table>

重点内容说明：任职资格

任职资格的胜任项，可根据岗位胜任特征由浅入深分为三大类：基准特征、显性特征与隐性特征。

（1）基准特征

包括学历、经验与经历两类。

（2）显性特征

包括知识与技能两类。

①知识。

专业知识中的岗位知识，是指承担本岗位所有职责与任务需具备的知识水平与要求；业务知识，是指作为岗位所属的业务部门，与本部门人员需共同熟悉与了解的制度、流程、方法、原理等本业务领域的知识。

专业知识中的基础知识，是指岗位所属的职业种类应掌握与学习的相关政策、法律、规定等知识。

②技能。

上岗技能是胜任本岗位工作的最低任职条件。比如具备会计上岗证是担任财务部门基层工作的上岗技能。

业务技能是完成本岗位工作所掌握的计算机、机械设备等实操技术的要求。比如财务部门的会计岗位须熟练使用财务软件系统进行日常记账，是会计岗位人员的业务技能。

（3）隐性特征

包括能力与素养两类。

①能力。

包括专业能力、通用能力与核心能力三方面。

专业能力，是企业所有岗位人员需具备的基本业务能力。其中的岗位能力，是指正常完成本岗位所有约定工作内容需具备的基本能力素质；岗位相关能力，是指超出本岗位约定工作内容的基本能力要求、岗位工作的绩优者与普通者相区别的差异化能力素质。

通用能力，是企业为实现战略目标与人才发展，需所有人员具备的基础能力素质与管理人员具备的领导能力素质。其中的基本能力，是指所有人员具备的基础能力素质；领导能力，是指所有管理人员需具备的当下与未来期望的领导能力素质，以及绩优管理人员具备的差异化领导能力素质。

核心能力，是与企业愿景、使命、价值观相匹配的能力素质，以及借鉴标杆企业的能力素质。

②素养。

包括核心素养与职业素养两方面。

核心素养，是指与企业价值观相匹配的个人品质与德行的素质修养。

职业素养，是指岗位绩优者完成岗位工作任务过程中应具备的个人品质与德行。

二、《应聘人员登记表》

表 4 《应聘人员登记表》（示例模板）

<table>
<tr><td>应聘职位</td><td></td><td>所属部门</td><td></td><td>期望薪酬</td><td></td><td rowspan="3">（一寸照片）</td></tr>
<tr><td>姓名</td><td></td><td>性别</td><td></td><td>年龄</td><td></td></tr>
<tr><td>出生日期</td><td></td><td>民族</td><td></td><td>籍贯</td><td></td></tr>
<tr><td>身高</td><td></td><td>政治面貌</td><td></td><td colspan="2">健康状况</td><td></td></tr>
<tr><td>最高学历</td><td></td><td>身份证号</td><td colspan="4"></td></tr>
</table>

续表

<table>
<tr><td colspan="2">懂何种外语及程度</td><td colspan="5"></td></tr>
<tr><td colspan="2">毕业学校</td><td colspan="2"></td><td colspan="2">专业</td><td></td></tr>
<tr><td colspan="2" rowspan="3">在校期间所获奖励与证书</td><td colspan="2"></td><td colspan="2" rowspan="3">获奖时间</td><td></td></tr>
<tr><td colspan="2"></td><td></td></tr>
<tr><td colspan="2"></td><td></td></tr>
<tr><td colspan="2">现工作单位</td><td colspan="2"></td><td colspan="2">单位性质及规模</td><td></td></tr>
<tr><td>职称</td><td></td><td>岗位或职务</td><td></td><td colspan="2">参加工作时间</td><td></td></tr>
<tr><td>现单位是否有五险一金</td><td colspan="3"></td><td>五险一金基数</td><td colspan="2"></td></tr>
<tr><td rowspan="4">是否有其他兼职（含微商）</td><td colspan="3">□ 无</td><td rowspan="4">是否曾与工作单位有劳动争议调解、仲裁或诉讼</td><td colspan="2">□ 无</td></tr>
<tr><td rowspan="3">□ 有</td><td colspan="2">请写明兼职的产品</td><td rowspan="3">□ 有</td><td>请写明纠纷时间与内容</td></tr>
<tr><td colspan="2"></td><td></td></tr>
<tr><td colspan="2"></td><td></td></tr>
<tr><td rowspan="3">工作单位所获奖励或证书</td><td colspan="3"></td><td rowspan="3">获奖时间</td><td colspan="2"></td></tr>
<tr><td colspan="3"></td><td colspan="2"></td></tr>
<tr><td colspan="3"></td><td colspan="2"></td></tr>
<tr><td>身份证号码</td><td colspan="6"></td></tr>
<tr><td>现通讯地址</td><td colspan="3"></td><td>邮编</td><td colspan="2"></td></tr>
</table>

续表

<table>
<tr><td>户口所在地址</td><td colspan="3"></td><td>邮编</td><td colspan="4"></td></tr>
<tr><td>本人档案目前存放何处</td><td colspan="8"></td></tr>
<tr><td>手机联系方式</td><td colspan="3"></td><td>座机联系方式</td><td colspan="4"></td></tr>
<tr><td>能否异地工作</td><td colspan="3"></td><td>能否长期出差</td><td colspan="4"></td></tr>
<tr><td colspan="9">工作经历（按时间倒序填写）</td></tr>
<tr><td rowspan="2">单位名称</td><td colspan="2">工作时间</td><td rowspan="2">职位</td><td rowspan="2">最终薪金</td><td rowspan="2">离职原因</td><td colspan="3">证明人</td></tr>
<tr><td>起</td><td>止</td><td>直接上级</td><td>职务</td><td>联系方式</td></tr>
<tr><td></td><td></td><td></td><td></td><td></td><td></td><td></td><td></td><td></td></tr>
<tr><td></td><td></td><td></td><td></td><td></td><td></td><td></td><td></td><td></td></tr>
<tr><td></td><td></td><td></td><td></td><td></td><td></td><td></td><td></td><td></td></tr>
<tr><td></td><td></td><td></td><td></td><td></td><td></td><td></td><td></td><td></td></tr>
<tr><td></td><td></td><td></td><td></td><td></td><td></td><td></td><td></td><td></td></tr>
<tr><td colspan="9">学习经历（自高中时期开始，按照时间倒序填写）</td></tr>
<tr><td rowspan="2">学校 / 学院名称</td><td rowspan="2">年限</td><td colspan="2">学习时间</td><td colspan="2" rowspan="2">专业</td><td colspan="3">证明人</td></tr>
<tr><td>起</td><td>止</td><td>姓名</td><td>职务</td><td>联系方式</td></tr>
<tr><td></td><td></td><td></td><td></td><td colspan="2"></td><td></td><td></td><td></td></tr>
<tr><td></td><td></td><td></td><td></td><td colspan="2"></td><td></td><td></td><td></td></tr>
</table>

续表

培训经历（按照时间倒序填写）						
机构名称	年限	学习时间		培训课程	所获证书	证明人及联系方式
		起	止			

家庭状况及主要社会关系				
姓名	与本人关系	年龄	工作单位	职务

其他			
是否经人推荐		推荐人姓名及职位	
与本公司何人相识		是何关系	
是否与原单位签订了有效的《竞争行业禁止协议》或《保密协议》			

续表

<table>
<tr><td>如果从现工作单位离职，您需要多长时间办理离职交接手续</td><td></td></tr>
<tr><td>紧急联络人姓名及联系方式</td><td></td></tr>
<tr><td>你认为公司录用你的优势</td><td></td></tr>
<tr><td colspan="2">声明：
1. 本人应聘的岗位所列职责（详见附件《岗位职责说明书》）已知悉。《岗位职责说明书》所描述内容作为此岗位的最终录用条件，本人愿意接受公司在工作内容及任职资格中对我本人的约束和考察。若本人在试用期内不符合岗位说明书所描述内容，公司可因不符合录用条件与我本人无条件解除劳动合同。
2. 以上所填写全部信息，均真实准确，否则由此产生的一切后果由本人自负。公司可在我本人知悉的前提下，采取合法、合理的方式取证核实所填信息，如填写内容及相关证明资料存在虚假成分，本人的应聘申请将被取消或者以严重违反公司规章制度为由与我本人立即解除劳动合同。</td></tr>
<tr><td>应聘人签字：</td><td>填写时间：</td></tr>
</table>

重点内容说明：

在应聘者填写个人信息时，尤其需要关注以下内容是否填写完整：

· 身份证号。

· 是否有其他兼职。

· 是否曾与工作单位有劳动争议调解、仲裁或诉讼。

· 联系方式：填写具体的楼号与门牌号。

· 离职信息：填写完整的离职原因与证明人信息。

· 与原单位的协议签署情况：明确说明是否签署了《竞业禁止协议》或《保密协议》。

三、《录用通知书》

《录用通知书》（示例模板）

录用通知书

No. hr-20　-

×××：

您好！欢迎您加入______________________公司！经公司研究决定录用您，并拟与您建立劳动关系。

在您作出承诺后，请于_____年___月___日（□上午、□下午）______点到公司报到。

请您于____月___日之前作出承诺，承诺方式可二选一：

1. 回复电子邮箱：说明您已同意本《录用通知书》的告知内容，并按要求到公司报到。

2. 寄回公司：打印出本《录用通知书》的纸质版，在“回执”处填写完整相关内容，签字后将“回执”按照公司地址寄回。

（一）请您于报到当日备好以下证件：

1. 离职证明：原单位提供的离职证明原件（解除劳动合同证明书或终止劳动合同证明书）。

2. 近期免冠 1 寸彩色照片 2 张。

3. 本人证件原件及复印件或扫描件，包括但不限于本人身份证、户口簿或户籍证明原件、毕业证、学位证、婚姻及生育证明、上岗证、职称证、职业资格证、外语水平能力证明、驾驶证等证明简历内容的证件。

（二）公司拟与您签订劳动合同，聘任您到（工作地点或工作部门）的______岗位工作，合同的起始日期为_____年___月____日，合同期限为___年（含试用期____个月）。公司将在您入职五日内，以本《录用通知书》确定的基本内容为基础与您签订劳动合同，逾期不签订的，视为拒绝与公司签订书面的劳动合同。

（三）薪酬福利：

您的试用期月工资拟为税前________元/月（包括固定工资与浮动工资）；转正之后月工资拟为税前_______元/月（包括固定工资与浮动工资），起薪日为签订合同日。其他福利待遇按公司相关规定执行。

（四）社会保险：

公司按国家及本市规定，以及您与公司签订的《劳动合同》为个人缴纳社会保险及住房公积金，缴费起始时间为___年___月。

（五）有下列行为之一的，本《录用通知书》无效：

1. 未在规定日期之前作出承诺的。

2. 未按内容及时间要求提供入职证件资料的。

3. 报到之前公司发现有不符合录用条件，或在招聘面试过程中有欺诈或其他不诚实行为的。

4. 非因不可抗力因素，您不能如期报到；或在报到时间之前，未能事先以书面或邮件形式告知公司延期报到，并取得公司同意的。

（六）公司拟与您建立劳动关系，是基于您具备该岗位基本的录用条件。在您入职试用期即将结束时，公司将对您进行试用期考核，作为您是否真实符合该岗位录用条件的依据，也是您能否顺利转正的考核依据。

（七）您入职后、劳动合同签订之前，此《录用通知书》具备临时代替《劳动合同》的效力。

（八）您入职后，请您通过以下渠道阅知公司现有规章制度。若您未就阅知内容或阅知渠道向人力资源部提出异议的，视为您已阅知。

（九）我司会在必要时对您提供的个人信息（简历信息或面试时提供的其他信息）做背景调查，若有客观出入，我司有权撤回本通知书，并且不再与您签订劳动合同。

（十）在您入职之前，因疫情等不可抗力导致我司不能按原计划如期履行对您的录用时，我司有权单方解除本《录用通知书》，且无须承担任何法律后果。

真诚欢迎您的加入，愿我们共同创造美好的未来！

____________公司　　　　　　受聘（录）人：________

日期：___年__月__日　　　　　日期：___年__月__日

公司邮箱：__________________________________

公司地址：__________________________________

回执

___________公司：

_____（受聘人）于____年__月___日收到公司《录用通知书》（No. hr-20 - ），本人已知悉以上全部内容，同意公司做背景调查并按《录用通知书》所规定的时间到公司报到。

受聘（录）人：____

____年____月____日

四、《员工资料档案目录》

表 5《员工资料档案目录》（示例模板）

姓名：	部门：		岗位（职位）：		入职日期：
编号	必备资料	存档日期	编号	选备资料	存档日期
01	□《应聘人员登记表》		16	□ 学位证书（复印件）	
02	□ 员工个人简历		17	□ 驾照（复印件）	
03	□《面试评价表》/《内部调动审批表》		18	□	
04	□ 学历证书（复印件）		19	□	
05	□ 职业资格证书（复印件）		20	□	
06	□ 身份证（复印件）		21	□	
07	□ 户口本（复印件）		22	□	
08	□ 体检报告（原件）		23	□	

续表

姓名：	部门：		岗位（职位）：		入职日期：
编号	必备资料	存档日期	编号	选备资料	存档日期
09	□ 原单位《离职证明》（原件）		24	□	
10	□《录用通知书》回执单		25	□	
11	□《入职承诺书》		26	□	
12	□《试用期考核表》		27	□	
13	□《岗位职责说明书》		28	□	
14	□《管理制度签阅表》（原件）		29	□	
15	□《劳动合同书》（另存） 劳动合同编号： （　　　　）		30	□	
备注：					

后 记

提笔落笔，思绪万千。

一路走来，写书的历程，是职场生涯的回顾与梳理，亦是心路历程的叩问与内省。

书中他们的故事，陪伴着我、感动着我、温暖着我。

一、创业老板

他们一路披荆斩棘、英勇无畏，却在管理疏漏之时束手无力、坚忍承受；他们乘风破浪、勇闯险滩，却在人才流失之时黯然失落、深深自责。他们是驶向朝阳、永不停歇的掌舵人，历经创业艰辛，永葆心中阳光。

二、人力资源工作者

他们是制度流程的贯彻者，以身作则、言行合一，只为规范高效；他们是业务部门的支持者，招聘员工、激励团队，只为和谐共进；他们是离职员工的倾听者，温和宽慰、娓娓饯行，只为理解与共情；他们是企业文化的倡导者，见微知著、润物无声，只为人企共赢。

三、应届毕业生与职场新人

他们在懵懂中憧憬，怀揣梦想，不曾停下忙碌的脚步；他们在黑夜里前行，心中有光，即使仰望沉寂夜空。

四、企业各级管理者

艰难中的犹豫与无力，难舍回头时一双双期待的眼睛；孤独中的泥泞与风雨，只为举杯相庆时的欢颜。

或许是责任，或许是使命，我走向他们，用心靠近、专注倾听，他们的喜怒哀乐似一幅幅美丽的人生画布，绚烂多彩，精致绽放。

他们是我咨询历程的亲密伙伴，我，愿意此生与他们同行。

今日成稿，感谢道源律师事务所的贾富春律师对本书招聘表格的审定与修正。作为多年的良师益友，贾律师更是我《劳动法》知识学习的前辈与榜样。

感谢我的先生、儿子与父母，是他们一路的陪伴、理解与包容，让我有时间与精力完成持续一年多的写作。他们是我最爱的家人，是我一生的守护。

人力资源，是我喜欢与热爱的领地，在这里深耕，让我兴奋，让我感激，让我不断葆有好奇之心，不停地探寻与收获对人的惊喜。

莫听穿林打叶声，何妨吟啸且徐行。

真诚为客户，真实做自己。

2021 年 5 月于北京常楹大厦工作室

参考文献

1. 彭剑锋．中国企业进入人力资源效能管理时代．中国人力资源开发，2013（21）.

2. 杰夫·布朗，马克·芬斯克，莉斯·内伯伦特．成功者的大脑 [M]. 黄珏苹译．北京：中国人民大学出版社，2013.

3. 欧文·费雪．利息理论 [M]. 北京：商务印书馆，2013.

4. 国家职业资格培训教程企业人力资源管理人员．下册：人力资源管理师、高级人力资源管理师工作要求 [M]. 北京：中国劳动社会保障出版社，2002.

5. 邢雷，朱军梅，郑雪琴，张小斐．华夏基石方法：人才评价中心：超级漫画版 [M]. 北京：企业管理出版社，2013.

6. 弗里德·路桑斯，凯若恩·尤瑟夫，布鲁斯·阿沃里欧．心理资本 [M]. 李超平译．北京：中国轻工业出版社，2008.

7. 金·卡梅隆，罗伯特·奎因．组织文化诊断与变革 [M]. 王素婷译．北京：中国人民大学出版社，2020.

8. 刘丰．开启你的高维智慧 [M]. 北京：中国青年出版社，2019.

9.Avolio,B.J.,Gardner,W.L.,Walumbwa,F.O.,Luthans,F., & May,D.R.（2004）Unlocking the mask: A look at the process by which authentic leaders impact follower attitudes and behaviors. Leadership Quarterly,Is,801–823.

10. 钱穆 . 灵魂与心 [M]. 长沙：岳麓书社，2020.

11. 孙健敏 . 人员测评理论与技术 [M]. 长沙：湖南师范大学出版社，2007.

12. 吴青阳 . 淘宝大学：非典型商学院成长史 . 中国人力资源开发，2013（4）.

13. 罗伯特・吉本斯 . 博弈论基础 [M]. 高峰译 . 北京：中国社会科学出版社，1999.

14. 丹娜・左哈，伊恩・马歇尔 . 心灵资本 [M]. 苗微译 . 北京：中国友谊出版公司，2011.

老板·创业			
一、经理人			
书名	内容	书名	内容
老总有想法，高层有干法 王清华　著	企业将、帅之间的定位问题、角色问题、方法问题、思维问题、管理问题等	**历史深处的管理智慧1：组织建设与用人之道** 刘文瑞　著	通过历史鉴照当今企业选人用人、二代接班人、创业团队管理等问题
历史深处的管理智慧2：战略决策与经营运作 刘文瑞　著	通过历史鉴照当今企业决策、战略规划、战略冒进、决策监督等问题	**历史深处的管理智慧3：领导修炼与文化素养** 刘文瑞　著	通过历史鉴照当今企业的领导修养、用权、管理风格等问题
老板经理人双赢之道 陈明　著	经理人怎么选平台、怎么开局，老板怎样选/育/用/留		
二、用人			
用好骨干员工 王敏　著	系统化分享关键人才打造与激励方法	**领导这样点燃你的下属** 孟广桥　著	领导者如何才能让员工积极主动地工作
让用人回归简单 宋新宇　著	帮助管理者抓住用人的要害，让用人变得简单	**激活新生代员工** 史量　孙斌　著	走进新生代的世界，一套行之有效的管理、激活90后、95后、00后的方法
三、转型·创业			
创业要过哪些坎 董坤　著	15年创业咨询经验总结的创业遇到的问题及办法	**高潜牛人** 董坤　著	创业和事业发展中如何找到牛人
成为下一个SaaS独角兽 崔牛会　主编	19位SaaS领专家，7个不同的视角总结SaaS行业实践	**创模式：23个行业创新案例** 段传敏　著	CEO社群23位企业家的思考与实践分享
重生——中国企业的战略转型 施炜　著	本书对中国企业战略转型的方向、路径及策略性举措提出了建议和意见	**7个转变，让公司3年胜出** 李蓓　著	企业估值、业务模式、营销、生产制造、客户服务、用户黏性、组织管理7个转变
企业二次创业成功路线图 夏惊鸣　著	五步骤给出了一幅企业二次创业经营突破、管理提升的成功路线图	**跟老板“偷师”学创业** 吴江萍　余晓雷　著	如何通过“偷师”学习与积累当老板的阅历
公司由小到大要过哪些坎 卢强　著	企业成长路线图，现在我在哪儿、未来还要走哪些路都清楚了	**跳出同质思维，从跟随到领先** 郭剑　著	66个精彩案例剖析，帮助老板突破行业长期思维惯性

续表

书名	内容	书名	内容
极速增长：企业扩张策略 董坤　著	以“8shoes扩张法则”为思考框架，帮助处于这个阶段的创业公司及以创业公司形式孵化的变革型项目做出清晰的战略选择		
企业经营			
经营打造你的盈利系统 高可为　著	选择最有效的经营策略，打造属于自己的商业模式	**中国企业的觉醒** 王涛　著	企业告别自私、野蛮，转向善良、爱，才会赢得消费者
成为敏感而体贴的公司 王涛　著	未来有竞争力的企业，一定是那些敏感而体贴的公司	**有意识的思考** 王涛　著	对头脑中固有观念保持觉察，从而超越它们的局限
简单思考 孔祥云　著	著名咨询公司（AMT）CEO创业历程中的经验与思考	**写给企业家的公司与家庭财务规划** 周荣辉　著	以企业的发展周期为主线，介绍各阶段企业与企业主家庭的财务规划
从10亿到100亿的企业顶层设计 刘建兆　著	重新定义企业成长方式，有效益、有效率、有效能、有效果、有品质的良性成长	**活系统：跟任正非学当老板** 孙行健　尹贤　著	造活系统，使系统活，靠系统活，活的系统
宗：一位制造业企业家的思考 刘建兆　著	发展20年营业额近亿元制造业企业家的思考与心得	**使命：驱动企业成长** 高可为　著	用大企业发展轨迹及企业家的心路历程，揭示企业成长的基因、做事的逻辑
让经营回归简单 宋新宇　著	战略、客户、产品、员工、成长、经营者的经营法则	**边干边学做老板** 黄中强　著	86个案例讲述中小公司成长过程中遇到的问题和方法
盈利原本就这么简单 高可为　著	跨越业务与财务边界，为企业提高盈利水平提供方法	**战略参谋：写出管用的战略报告** 蔡春华　著	企业对自己、市场、行业其实了解更深，助你高质量完成战略规划
不战全胜：给企业家读的孙子兵法 王吉坤　杨伟霞　著	从《孙子兵法》提炼和总结了帮助企业打造行业龙头品牌的体系	**公司离不开的全栈运营高手：产品运营与推广获客** 王虎　著	涉及运营案例、思维理论、实操复盘、管理方式、推广策略等，是作者八年运营推广经验的浓缩

续表

书名	内容	书名	内容
公域引流　私域经营：这样经营用户关系 王庆云　汪洋　著	为大中型企业提供私域建设的顶层和全景式框架，探索不同业务特性可能适配的不同私域模式	**平台生态：价值创造与价值获取** 彭毫　罗珉　著	厂商之间的竞争已经从产品转到平台，如何创造新的价值创造和获取模式，是企业最想得到的答案
合伙制经营：有效激励，而不丧失控制权 胡八一　著	重点阐述实施合伙制的流程，通过四步为企业家提供一种有效激励而不丧失控制权的工具和方法	**机制创造人才** 彭剑锋　尚艳玲　著	华夏基石专家团著作，为个体赋能，经营人成就人，进行机制创新和价值管理
企业融资：投资人没告诉你的那些事 杨军　著	资深投资人揭示融资"潜规则"，让企业有的放矢		
管理·管理学			
一、企业管理			
让管理回归简单 宋新宇　著	从目标、组织、决策、授权、人才、老板自己等提供方案	**管理的尺度** 刘文瑞　著	西医式的体检化验，又要施加中医式的望闻问切
管理：以规则驾驭人性 王春强　著	人性驾驭角度权度运筹安排的可兑现性，管理有效性	**看电影，学管理** 刘文瑞　著	十六部电影的解读，揭示电影内含的管理之道
好管理　靠修行 曾伟　著	从佛法、道法思想中寻找管理智慧	**公司大了，怎么管** 金国华　著	成长型企业发展中的共性问题，通过案例实录解开
低效会议怎么改 王玉荣　葛新红　著	从梳理公司会议体系的层面改变低效会议的现状	**年初订计划年尾有结果** 郭晓　著	总结七步落地方案让战略计划切实落地实现
分股合心 段磊　周剑　著	围绕股权激励，详细介绍相关知识和实行方法	**员工心理学超级漫画版** 邢雷　著	以漫画形式对组织中个体心理的全面介绍和深入探讨
让投诉客户满意离开 孟广桥　著	投诉法律法规，应对各种投诉技巧等提升客诉能力	**管理就是定计划，抓落实** 张国祥　著	员工"看了就会、拿来就用"的计划制订操作指南
不读韩非子，怎么当老板 王春强　著	通过集中分析有关人性的内容，引导现代管理者更深理解人性是如何影响企业运行，以及管理者应如何因人性而实施管理	**重新想象组织** 彭剑锋　尚艳玲　著	华夏基石专家团著作，通过组织变革逐步进化，找到成长之道，让企业可持续发展

续表

书名	内容	书名	内容
战略管理有方法 和恒咨询　著	结合中国企业实践总结的一套独创性、实操性的战略方法，100+工具轻松做战略	高管如何为公司创造高增长 彭剑锋　尚艳玲　主编	战略驱动着企业成长，企业又该如何突破增长的瓶颈
二、管理思想			
管理学的奠基者 刘文瑞　著	近代以来的管理思想发展揭示管理思想的演化奥秘	巴纳德组织理论研读 郭威　著	深度研读巴纳德《经理人员的职能》，帮你理解和看懂
管理学在中国 刘文瑞　著	科学看待管理学流入中国，对继承发展进行深入的阐述	德鲁克管理学 张远凤　著	以德鲁克管理思想发展为线展示20世纪管理学的发展
德鲁克与他的论敌们 罗珉　著	德鲁克与马斯洛、戴明等诸多管理大师论战的故事	德鲁克管理思想解读 罗珉　著	全面解构德鲁克思想的精髓与实践价值
治论：中国古代管理思想 张再林　著	深入分析中国古代哲学基本精神的基础上，梳理分析了儒法墨三家的管理思想	流程经理10年案例笔记 王焕东　著	用自身工作和生活中的鲜活案例及思考后的心得呈现不一样的流程管理思想
透过决策看组织 李慧才　著	对西蒙管理行为进行贴近企业的通俗化解析和阐释	为什么高管爱读德鲁克 王鹏　著	辅助深读德鲁克、提升管理认知
营销·销售			
一、企业销售			
大客户销售这样说这样做 陆和平　著	大客户销售活动的十大模块，68个典型销售场景	向高层销售 贺兵一　著	销售人员与客户高层打交道需要重点掌握的知识、技巧
资深大客户经理 叶敦明　著	将大客户经理必须具备的规划、策略、执行三种能力运用自如	成为资深的销售经理 陆和平　著	让销售经理成功把握销售管理的6个关键点，并提供工具
销售是个专业活 陆和平　著	据客户采购流程拆分销售过程十阶段，讲解方法技巧	学话术　卖产品 张小虎　著	手机、电动车、家电、食品等消费品的一线销售话术
工程项目大客户销售攻略 陆和平　著	三十八讲循序渐进，全方位透视工程大项目拿单的奥秘，通俗易懂，看了就能用	大客户销售谈判：获得利润的最快途径 陆和平　著	从不会谈判到成为谈判专家，帮助你在与大客户的谈判中轻松说服对方，实现从一次成交、成本价成交到高价成交、持续成交的转变

续表

书名	内容	书名	内容
二、企业营销			
新营销组织力 迪智成　著	适应最新数字化外部环境，系统化协同组织能力建设	**营销按钮** 老苗　著	讲述存在于人性及各个营销环节中的“按钮”
精品营销战略 杜建君　著	“精品营销战略”核心逻辑与营销组合策略	**360°谈营销** 王清华　古怀亮　著	营销是立体的，从不同角度观察不同企业的营销精髓
互联网精准营销 蒋军　著	互联网时代整体策划、包装品牌和产品	**招招见销量的营销常识** 刘文新　著	做好基本的营销动作都可以提高销量、降低成本
用数字解放营销人 黄润霖　著	用数字说话覆盖营销工作的方方面面	**用营销计划锁定胜局** 黄润霖　著	让营销计划落地，营销人员只需解决两个问题：基数与概率
我们的营销真案例 联纵智达研究院　著	五芳斋粽子、诺贝尔瓷砖、利豪家具、保健品、娃哈哈	**中国营销战实录** 联纵智达研究院　著	51 个案例，46 家企业，46 万字，18 年积淀
弱势品牌如何做营销 李政权　著	产品与物流通道、服务通道、促销互动通路，提供方法	**解决方案营销实战案例** 刘祖轲　著	十大工业品作者实操案例解码解决方案营销
升级你的营销组织 程绍珊　吴越舟　著	根据企业的实际情况建立有机性营销组织	**变局下的营销模式升级** 程绍珊　叶宁　著	十年大量案例归纳三种核心驱动要素、三种升级方向
老板如何管营销 史贤龙　著	十六个招式，理论与案例相结合，高段位营销方法	**孙子兵法营销战** 刘文新　著	理解《孙子兵法》原意的同时，还可体悟到营销之用
新营销 2.0：从深度分销到立体连接 刘春雄　公方刚 牛恩坤　等著	立体连接打通三度空间，在互联网时代诞生快消品领域的超级巨头		
三、品牌			
中国品牌营销十三战法 朱玉童　著	深度演绎最符合企业品牌营销策划的十三套实战战法	**中小企业如何打造区域强势品牌** 吴之　著	从如何建立强势品牌的角度解析扩张难题
小众战略：小资源打造强势品牌 吴修利　著	从品牌观念、市场调研、竞争机会、内部调整等角度，对产品、渠道、传播等核心原则进行了系统梳理	**把品牌建在顾客心里：4 步实现品牌 IP 化** 张学军　著	让品牌自带话题，自主传播

续表

书名	内容	书名	内容
四、营销策划			
这样写文案，就没有卖不动的产品 秦剑　刘安丽　著	术、法、道三个层面由浅至深培养商业文案创作能力	**洞察人性的营销战术** 沈坤　著	介绍了28个匪夷所思的营销怪招，大部分可以直接运用
双剑破局：沈坤营销策划案例集 沈坤　著	双剑公司8年来的实操案例，每个项目诞生过程、策划角度和方法	**社区团购就这么干：供应商·平台·团长·用户** 陈海超　杨顶刚　著	分享最新实践经验，一看就懂，照着就能做
企业案例			
鲁花：一粒花生撬动的粮油帝国 余盛　著	鲁花如何成长为优秀的带动农业产业发展的品牌，鲁花你一定学得会	**金龙鱼背后的粮油帝国** 余盛　著	以金龙鱼为脉的一部中国粮油行业的史诗
你不知道的加多宝 曲宗恺　牛玮娜　著	以时间为轴线，详细叙述了加多宝品牌的发展历程	**静水流深** 黄治国　著	作者在美的十五年对何享健内部讲话资料的整理
娃哈哈区域标杆 罗宏文　快车君 赵晓萌　寇尚伟　著	讲娃哈哈豫北市场如何成为娃哈哈全国第一大市场、全国增量第一的市场	**借力咨询：德邦成长背后的秘密** 官同良　王祥伍　著	德邦将自己积累的与咨询公司发展共赢的合作逻辑和盘托出
六个核桃凭什么从0过100亿 张学军　著	全视角深度解读养元企业的裂变成长，复盘十年蜕变轨迹	**像六个核桃一样** 王超　著	六个核桃为什么卖得这么好，产品畅销的6大要义36条简明法则
中国首家未来超市 IBMG集团　著	对乐城超市的掌门人及内部员工的采访详细阐释了乐城的经验	**三四线城市超市如何快速成长：解密甘雨亭** IBMG集团　著	甘雨亭的许多关键经营指标均高于行业标准，学习其成功的方法
集团化企业阿米巴实战案例 初勇钢　著	作者在某酒厂推行阿米巴经营模式的心得		
经销商			
新经销：新零售时代教你做大商 黄润霖　著	探访近100位经销商在传统营销手法上的创新，传统营销微创新和新营销本地化	**商用车经销商运营实战** 杜建君　王朝阳 章晓青　著	对商用车经销商的经营与管理、4S店运营做了全方面的总结

续表

书名	内容	书名	内容
跟行业老手学经销商开发与管理 黄润霖　著	从管理耐用消费品经销商角度提炼了48个代表性问题并给出解决办法	**快消品经销商如何快速做大** 黄润霖　著	经销商如何通过经营实现规模，通过管理实现规模效益
建材家居经销商实战42章经 王庆云　著	经营管理的心法和战法，帮助经销商成为“业务妙手”和“管理能手”	**成为最赚钱的家具建材经销商** 李治江　著	针对建材家居行业的经销商，从销售模式、产品、门店、市场等方面给出方法
白酒经销商的第一本书 唐江华　著	对经销商如何选择厂家、合作、运营品牌等问题给出建议	**快消品招商的第一本书** 刘雷　著	从招商理论到招商动作进行系列化分解，化繁为简
大商方法：榜样经销商与厂家的合作之道 唐道明　著	洞察厂商合作的核心，为经销商提供可行的方法，手把手教你做大商	**快消品经销商成功密码** 舟谱商学院　著	通过8个真实经销商案例，分享快消品经销商成功经验与方法
中小企业			
中小企业如何打造区域强势品牌 吴之　著	从如何建立强势品牌的角度解析扩张难题	**用流程解放管理者** 张国祥　著	8个板块构成，共66篇文章，14幅流程管理图
用流程解放管理者2 张国祥　著	对中小企业规范化流程管理进行系统的阐述	**弱势品牌如何做营销** 李政权　著	产品与物流通道、服务通道、促销互动通路提供方法
本土化人力资源管理8大思维 周剑　著	用最贴近中国中小企业现实管理情境的案例讲述周围人的“家事”	**中小农业企业品牌战法** 韩旭　著	农业企业需要全产业链视野，更需要品牌实战方法
门店管理			
门店销售冠军复制系统 王吉坤　著	门店型企业如何打造可复制的销售冠军系统	**新零售动作分解与实操：建材·家居·家具** 盛斌子　著	对泛家居行业趋势、店面管理、团队管理、促销推广、五感营销等提供策略
家具建材促销与引流 薛亮　李永锋　著	对泛家居营销执行模式和工具、关键环节等进行汇总	**建材家居门店6力爆破** 贾同领　著	产品力、导购力、形象力、推广力、服务力、组织力
家具行业操盘手 王献永　著	总结家具终端门店发展的现状及问题并给出策略	**手把手教你做专业督导** 熊亚柱　著	系统梳理督导的核心技能，岗位职责、工作流程及技能

续表

书名	内容	书名	内容
手把手帮建材家居导购业绩倍增 熊亚柱　著	针对建材家居门店的业务人员，用案例故事还原场景教你成为好导购	**10 步成为最棒的建材家居门店店长** 徐伟泽　著	梳理店长管理的核心工作职责、店面管理规范，帮助销售人员成长
建材家居门店销量提升 贾同领　著	9 个板块讲述建材门店一个单店如何做到经营的良性循环	**总部有多强大，门店就能走多远** IBMG 集团　著	五大方向综合阐述连锁零售企业总部如何提升管理能力
赚不赚钱靠店长，从懂管理到会经营 孙彩军　著	注重专卖店的经营思路拓展、门店管理细节方面能力的提升	**新医改了，药店就要这样开** 尚锋　著	从药店定位的思考，内部和会员管理等方面探讨中小型药店发展方向
电商来了，实体药店如何突围 尚锋　著	新时代药店经营的三驾马车：药学专业服务、会员贴心服务和精准定向促销	**引爆药店成交率 1：店员导购实战** 范月明　著	药店人的零售工作，怎样接待顾客，完善销售技巧
引爆药店成交率 2：药店经营实战 范月明　著	从药店经营角度建立改善门店现状的实用标准	**引爆药店成交率：专业化销售解决方案** 范月明　著	从简单的拿药服务到提供多角度的专业解决方案
口腔门诊盈利倍增：精益口腔 杨伟霞　王吉坤　著	为口腔门诊定制业绩提升管理系统并落地实施		
		互联网	
一、互联网转型			
画出公司的互联网进化路线图 李蓓　著	18 个“可以……吗”的问题作为产品、客户和价值方面的指引牌	**7 个转变，让公司 3 年胜出** 李蓓　著	企业估值、业务模式、营销、生产制造、客户服务、用户黏性、组织管理 7 个转变
重生战略移动互联网和大数据时代的转型法则 沈拓　著	四个重生战略对应四个法则，告知传统企业的转型重生之路	**创造增量市场：传统企业互联网转型之道** 刘红明　著	为读者提供了寻找这些互联网的切入点和接触点的具体方法，带来增量市场
互联网＋变与不变 本土管理实践与创新论坛　著	61 篇精华文章，聚焦传统行业如何互联网＋时代转型	**今后这样做品牌** 蒋军　著	顶层设计、营销创新、产品战略、渠道变革、品牌策略
移动互联新玩法 史贤龙　著	立足现实，剖析新时代背景下的移动互联趋势与热点	**互联网时代的成本观** 程翔　著	多维组合成本的互联网精神和大数据特征及应用

续表

书名	内容	书名	内容
正在发生的转型升级实践 本土管理实践与创新论坛　著	100多位本土管理专家当年对最新一年的思考和实践	**1000铁杆女粉丝** 张兵武　著	如何让普通女性成为忠实追随的铁杆粉丝，磁力点、情感结、甜蜜区、信任圈
混沌与秩序Ⅰ：变革时代企业领先之道 彭剑锋　施炜 苗兆光　王祥伍 孙波　夏惊鸣	新环境下企业面临变革应如何应对，企业家如何坚守并与企业共同成长	**混沌与秩序Ⅱ：变革时代管理新思维** 彭剑锋　施炜 苗兆光　王祥伍 孙波　夏惊鸣	对处于时代变革下的企业管理新机制、人力资源管理新思维，组织与人的新型关系，结合案例提出优化建议
消费升级：实践·研究 本土管理实践与创新论坛　著	从经营、管理、行业三个方面记录消费升级下的实践	**互联网精准营销** 蒋军　著	互联网时代整体策划、包装品牌和产品
智能推荐：让你的业务千人千面 刘国昊　周波　著	从资讯、电商、文娱行业来详细讲解智能推荐的应用，用户时间的争夺战	**制造业外贸营销网站建设** 宋金亮　著	介绍整个网站从无到有的实现过程，从分析思路、撰写内容到规划页面，列举了大量正反面实例，帮助读者理解和投入实践
二、抖音、微信微商、电商			
抖音营销系统 刘大贺　著	抖音系统的实战营销知识，上百个从0做大的案例	**金牌微商团队长** 罗晓慧　著	微商团队长创业实操的指导工具书
微商生意经：真实再现33个成功案例操作全程 伏泓霖　罗晓慧　著	精心挑选的33个微商成功案例，阐述具体操作过程	**快速见效的企业微信营销方法** 孙巍　著	站在微信生态的立体高度系统讲述企业微信快营销方法论
阿里巴巴实战运营：14招玩转诚信通 聂志新　著	产品定位、阿里巴巴排名因素、数据分析、标题优化等	**阿里巴巴实战运营2：诚信通热卖技巧** 聂志新　著	打开诚信通运营的金钥匙，十大具体运营技巧
三、行业新营销			
餐饮新营销 杨勇　程绍珊　著	聚焦餐饮企业转型，系统的餐饮企业营销管理体系	**新零售进化路径** 李政权　著	预先复盘新零售及商业的未来，找到方向
珠宝黄金新营销 崔德乾　著	珠宝业新营销/新品牌/新产品/新零售/新连接/新场景/新服务/新传播/新管理	**新经销：新零售时代教你做大商** 黄润霖　著	探访近100位经销商在传统营销手法上的创新，传统营销微创新和新营销本地化

续表

书名	内容	书名	内容
新零售动作分解与实操：建材·家居·家具 盛斌子　著	对泛家居行业趋势、店面管理、团队管理、促销推广、五感营销等提供策略	**新营销** 刘春雄　著	让品牌商和渠道商掌握获得独立流量的能力，能够与平台商博弈
快速见效的企业网络营销方法 B2B　大宗 B2C 张进　著	数据和案例90%来自作者服务的中小企业，快速全面地学习企业网络营销方法	**移动互联下的超市升级** 联商网专栏　著	超市未来的发展趋势，对社区超市、生鲜、全渠道建设、O2O 等提出观点
百货零售全渠道营销策略 陈继展　著	零售行业的竞争重点、行业本质、战略转型、未来趋势、经验和案例	**互联网时代的银行转型** 韩友诚　著	银行业在互联网金融变革浪潮中所做的积极应对和转型布局
触发需求：互联网新营销样本·水产 何足奇　著	通过鲜誉案例解读阐述水产行业如何进行互联网转型	**新农资如何弯道超车** 刘祖轲　著	从农业产业化、互联网转型、行业营销与经营突破四个方面阐述农资企业转型
新零售　新终端 迪智成　著	将新零售系统打法做梳理并落地在新终端建设上		
医药医疗			
一、药店			
新医改了，药店就要这样开 尚锋　著	从药店定位的思考、内部和会员管理等方面探讨中小型药店发展方向	**电商来了，实体药店如何突围** 尚锋　著	新时代药店经营的三驾马车：药学专业服务、会员贴心服务和精准定向促销
引爆药店成交率1：店员导购实战 范月明　著	药店人的零售工作，怎样接待顾客，完善销售技巧	**引爆药店成交率2：药店经营实战** 范月明　著	从药店经营角度建立改善门店现状的实用标准
引爆药店成交率：专业化销售解决方案 范月明　著	从简单的拿药服务到提供多角度的专业解决方案	**连锁药店新风口：资本　智能　大数据** 动脉网　著	对我国连锁药店的市场环境、行业现状等进行分析，给出对连锁药店未来发展趋势的预判
药店导购关联销售技巧与成交话术 范月明　著	以药店情景案例导入，介绍常见疾病的导购销售话术与顾客心理分析，进而提供关联销售解决方案		

续表

二、药品销售			
书名	内容	书名	内容
医药第三终端：从控销到动销　诊所　基层医疗 王祥君　张芳文　著	用大量案例来梳理药企落地动销的策略、方法和技战术	**医药营销：诊所开发维护与动销** 张江民　著	从六个方面系统阐述基层诊所市场营销攻略
处方药合规推广实战宝典 赵佳震　著	对处方药推广体系搭建、推广人员岗位内容等六个方面进行阐述	**医药代理商经营全指导** 戴文杰　著	从产品选择、价格体系设计、路径管理等维度描述代理商产品操作的基本策略
处方药零售这样做 田军　著	处方药零售的重要性及做市场的具体措施和方法	**OTC 医药代表药店开发与维护** 鄢圣安　著	一位从初级 OTC 医药销售代表成长起来的销售经理的经验分享
OTC 医药代表药店销售 36 计 鄢圣安　著	以《三十六计》为线，阐述 OTC 医药代表向药店销售的技巧与策略	**做医生信赖的医药代表** 邹晓徽　宁剑锋 朱文虎　著	医药代表如何在合规要求下做好药品推广工作的操作工具书
三、药企转型			
药企战略·运营与医药产业重构 杜臣　著	医药产业的深度认知与发展趋势结合，战略思考与经营操作相统一	**医药行业大洗牌与药企创新** 林延君　沈斌　著	围绕创新介绍医药行业，介绍近百家医药企业创新实践案例
医药新营销 史立臣　著	从药企最关心的八个方面阐述制药企业、医药商业企业营销模式转型	**医药企业转型升级战略** 史立臣　著	从商业模式转型、管理转型、定位转型、运营模式转型和跨界转型五方面阐述转型
新医改下的医药营销与团队管理 史立臣　著	立足新医改相关政策的解读，为中小医药企业出谋划策	**在中国，医药营销这样做** 段继东　著	时代方略在医药营销领域思想、方法文章的精选合集
四、新医疗			
成为医疗器械领军者 王强　著	中小医疗器械生产企业和代理商怎样转型	**新型诊所经营与创新** 动脉网　著	对新型诊所从标准化管理、经营方式、团队建设、连锁模式四个方面进行解读
医美新风口：颜值经济下的亿万市场 动脉网　著	详细介绍中国医疗美容行业的发展趋势、现状及医美产业链等	**互联网医院：正在发生的医疗新变革** 动脉网　著	介绍互联网医院的建设与运营、管理，发展模式和市场布局，以及发展规律

续表

快消品			
书名	内容	书名	内容
一、快消案例			
中国快消品营销这些年 史贤龙　著	一本书浓缩快消品营销15年的实战历程与前沿思考	这样打造大单品 迪智成　著	通过13个大案例帮助企业梳理打造大单品的路径
你不知道的加多宝 曲宗恺　牛玮娜　著	以时间为轴线，详细叙述了加多宝品牌的发展历程	娃哈哈区域标杆 罗宏文　快车君 赵晓萌　寇尚伟　著	娃哈哈豫北市场如何成为娃哈哈全国第一大市场、全国增量第一的市场
六个核桃凭什么从0过100亿 张学军　著	全视角深度解读养元企业的裂变成长，复盘十年蜕变轨迹	像六个核桃一样 王超　著	六个核桃为什么卖得这么好，产品畅销的6大要义36条简明法则
5小时读懂快消品营销 陈海超　著	20年快消品市场风云洞察解码，丰富的案例解析		
二、快消品区域经理			
快消品营销团队管理 刘雷　伯建新　著	快消品团队管理相关的20余个工具+20余个案例	这样打造快消品区域标杆 罗宏文　牛玉龙　著	分两篇解决如何成功打造标杆市场和进行持续增量管理两大问题
成为优秀的快消品区域经理（升级版） 伯建新　著	作为区域经理的“速成催化器”，升级版增加11篇内容	快消老手都在这样做：区域经理操盘锦囊 方刚　著	一线成长起来的资深快消品营销人“压箱底”绝活
快消品营销人的第一本书 刘雷　伯建新　著	针对一线厂家业务员工作中常遇到的问题给予建议	销售轨迹：一位快消品营销总监的拼搏之路 秦国伟　著	一个普通营销人的故事，16年背井离乡的职场拼搏之路
快消品营销：一位销售经理的工作心得2 蒋军　著	从市场操作、团队管理、传播推广、营销的具体策略和战略等方面提供方法	快消品区域/城市经理全渠道管理 许翔　著	一位在日化巨头一线打拼多年的城市经理操作经验分享
三、快消品动销			
动销：产品是如何畅销起来的 余晓雷　著	从怎么被消费者买走和竞争对手是谁这两个原点解决动销问题	动销操盘：节奏掌控与社群时代新战法 朱志明　著	用七个章节阐述关于动销操盘的要诀，节点、节奏、主次、条件匹配性等问题

续表

书名	内容	书名	内容
动销四维：全程辅导与新品上市 高继中　著	从产品、渠道、促销和新品上市四个方面详细讲解提高动销的具体方法	**快消品经销商这样做才赚钱** 张宇　著	从全新的角度，解读经销商的经营困境，并提供可实操的解决方法
四、快消品渠道			
深度分销 施炜　著	渠道价值链、模式选择、渠道策略与管理、零售经销商管理、最佳实践、团队建设	**通路精耕操作全解** 周俊　陈小龙　著	对康师傅的制胜法宝通路精耕进行系统的介绍与说明，图表和完善入微的操作方法
酒水饮料快消品餐饮渠道营销手册 朱伟杰　著	对餐饮渠道深入挖掘，建立适合餐饮渠道发展的服务模式和组织保障措施	**快消品经销商如何快速做大** 杨永华　著	经销商如何通过经营实现规模，通过管理实现规模效益
快消品营销与渠道管理 谭长春　著	解决日常涉及的渠道管理、市场、产品等营销事务	**快消品招商的第一本书** 刘雷　著	从招商理论到招商动作进行系列化分解，化繁为简
采纳方法：化解渠道冲突 朱玉童　著	21 个最新的渠道冲突案例立体地介绍渠道冲突的现象和方法	**快消品促销管理与方案：规划 技能 工具** 张荣举　著	涵盖促销规划、打法、具体落地执行的细节和终端人员技能及训练，结合线上线下运作，提供全套方法
五、快消品企业战略			
重构：升级你的竞争优势 杨永华　著	用 7 大思维，帮你的企业提升档位	**变局下的快消品实战策略** 杨永华　著	从 5 个角度针对快消品企业如何应对行业变局给出答案
新营销 刘春雄　著	让品牌商和渠道商掌握获得独立流量的能力，能够与平台商博弈	**采纳方法：破解本土营销 8 大难题** 朱玉童　著	破解困扰营销人的八大难题，给出解决方法
白酒营销培训宝典：复制高业绩 刘孝鞅　著	总结白酒营销人员系统运作市场的要点，转化为易学可复制的动作和工具表单	**酒水饮料快消品餐饮渠道营销手册** 朱伟杰　著	对餐饮渠道深入挖掘，建立适合餐饮渠道发展的服务模式和组织保障措施
白酒			
白酒营销的第一本书 唐江华　著	多角度阐释白酒一线市场操作的最新模式和方法	**白酒经销商的第一本书** 唐江华　著	对经销商如何选择厂家、合作、运营品牌等问题给出建议

续表

书名	内容	书名	内容
白酒到底如何卖 赵海永　著	多角度阐释白酒一线市场操作的最新模式和方法	**白酒到底如何卖2：从市场培育到动销** 赵海永　著	系统化、标准化、模式化的促成动销的实战操作方式和方法
变局下的白酒企业重构 杨永华　著	白酒企业重构期的营销战略与实操策略6大方法	**酒业转型大时代** 微酒　著	酒水营销、新闻资讯及行业分析、预测的知识宝典
区域型白酒企业营销必胜法则 朱志明　著	以36条法则从战略、营销、推广、产品线、品牌、市场、战术等方面提供方法	**10步成功运作白酒区域市场** 朱志明　著	从市场攻守、产品攻略、新品上市、占领渠道、促销等十个层面阐述
白酒营销1：中小酒企操盘与崛起 徐伟　徐涛　著	深入分析品牌与行业、操作方法，提供营销实操宝典	**白酒营销2：品类创新　策略升级** 黑格咨询　著	立足行业现状，建立品类创新、营销模式创新路径，提供市场建设方法、营销策略与工具案例
茶·调味品·油·乳业			
营销中国茶：2小时读懂茶叶营销 史贤龙　著	中国茶营销的“困局”“破局”和“创举”	**中国茶叶营销第一书** 柏龑　著	纵览中国茶叶市场的全局，并且有针对性地提出问题并阐述解决方法
调味品营销第一书 陈小龙　著	15年监控中国市场50个中外著名调味品品牌市场运作、管理等的经验总结	**调味品企业八大必胜法则** 张戟　著	提炼了调味品企业八大规律性的关键成功要素
食用油营销的第一本书 余盛　著	从小包装油行业概述到产品的基本知识，从基本执行动作到品牌整体策划等	**鲁花：一粒花生撬动的粮油帝国** 余盛　著	鲁花如何成长为优秀的带动农业产业发展的品牌
金龙鱼背后的粮油帝国 余盛　著	以金龙鱼为脉的一部中国粮油行业的史诗	**乳业营销的第一本书** 侯军伟　著	区域型乳品企业如何才能稳健发展
调味品经销商公司化运营 张戟　著	调味品和快消品经销商如何从“个体户”到“公司化”，一步步推进的具体方法		

续表

工业品			
书名	内容	书名	内容
一、工业品销售			
大客户销售这样说这样做 陆和平　著	大客户销售活动的十大模块，68 个典型销售场景	**销售是个专业活** 陆和平　著	据客户采购流程拆分销售过程十阶段、讲解方法技巧
成为资深的销售经理：B2B 工业品 陆和平　著	让销售经理成功把握销售管理 6 个关键点，并提供工具	**一切为了订单：订单驱动下的工业品营销实践** 唐道明　著	以订单流程的三个环节为主线讲述工业品营销管理新思路
订单是这样拿到的 郑文洲　著	作者近 10 年销售生涯的回顾，真实销售故事和成功经验分享		
二、工业品营销			
工业品营销管理实务（第 4 版） 李洪道　著	是信任导向工业品营销体系的深化版、工业品营销管理体系优化咨询的升级版	**工业品企业如何做品牌** 张东利　著	为当下中国制造的品牌化转型提供经过实践证明的理念、方法和体系
工业品市场部实战全指导 杜忠　著	解决职能不清、市场部五大职能如何运作、职业发展路径等具体问题	**解决方案营销实战案例** 刘祖轲　著	十大工业品作者实操案例解码解决方案营销
资深大客户经理：策略准　执行狠 叶敦明　著	将大客户经理必须具备的规划、策略、执行三种能力运用自如		
三、工业品企业			
变局下的工业品企业 7 大机遇 叶敦明　著	探索工业品企业成长的新机会，7 大战略与战术性机会	**两化融合管理体系贯标流程与方法** 戴勇　著	融合五十多家企业在两化融合贯标过程的经验，总结重点与举措
丁兴良讲工业 4.0 丁兴良　著	多角度阐述中国在工业 4.0 的机遇和挑战		
建材家居			
一、建材家居门店			
家居建材促销与引流 薛亮　李永锋　著	对泛家居营销执行模式和工具、关键环节等进行汇总	**新零售动作分解与实操：建材·家居·家具** 盛斌子　著	对泛家居行业趋势、店面管理、团队管理、促销推广、五感营销等提供策略

续表

书名	内容	书名	内容
家具行业操盘手 王献永　著	总结家具终端门店发展的现状及问题并给出策略	手把手教你做专业督导 熊亚柱　著	系统梳理督导的核心技能、岗位职责、工作流程及技能
手把手帮建材家居导购业绩倍增 熊亚柱　著	针对建材家居门店的业务人员、案例故事还原场景，教你成为好导购	10步成为最棒的建材家居门店店长 徐伟泽　著	梳理店长管理的核心工作职责、店面管理规范和帮助销售人员成长
建材家居门店销量提升 贾同领　著	9个板块讲述建材一个单店如何做到经营的良性循环	建材家居门店6力爆破 贾同领　著	产品力、导购力、形象力、推广力、服务力、组织力
二、建材家居经销商			
新经销：新零售时代教你做大商 黄润霖　著	探访近100位经销商在传统营销手法上的创新，传统营销微创新和新营销本地化	建材家居经销商42章经 王庆云　著	经营管理的心法和战法，帮助经销商成为“业务妙手”和“管理能手”
成为最赚钱的家具建材经销商 李治江　著	针对建材家居行业的经销商，从销售模式、产品、门店、市场等方面给出方法		
三、建材家居企业			
定制家居黄金十年 韩锋　翁长华　著	对中国定制家居行业20年发展历程进行深度、系统、专业的解读	建材家居营销：除了促销还能做什么 孙嘉晖　著	探索家居建材行业营销的革命，发现行业“营销天花板”的突破口
建材家居营销实务：新环境、新战法 程绍珊　杨鸿贵　著	针对建材家居市场特点提出以客户价值为基础的整体营销价值链	全屋整装　高利润运营手册 翁长华　陈平　著	十大维度解决实际问题，是0到1极具操作性的整装指南
零售·餐饮·服装·影院·美容院			
新零售进化路径 李政权　著	预先复盘新零售及商业的未来，找到方向	新零售　新终端 迪智成　著	梳理新零售系统打法并落地在新终端建设上
移动互联下的超市升级 联商网　著	超市未来的发展趋势，对社区超市、生鲜、全渠道建设、O2O等提出观点	百货零售全渠道营销策略 陈继展　著	零售行业的竞争重点、行业本质、战略转型、未来趋势、经验和案例
超市卖场定价策略与品类管理 IBMG集团　著	零售企业的市场拓展与商品定位、商品结构与商品陈列、毛利分析与库存分析	连锁零售企业招聘与培训破解之道 IBMG集团　著	围绕零售企业组织架构、培训体系建设等内容进行探讨

续表

书名	内容	书名	内容
总部有多强大，门店就能走多元 IBMG 集团　著	五大方向综合阐述连锁零售企业总部如何提升管理能力	**三四线城市超市如何快速成长：解密甘雨亭** IBMG 集团　著	甘雨亭的许多关键经营指标均高于行业标准，学习其成功的方法
中国首家未来超市：解密安徽乐城 IBMG 集团　著	对乐城超市的掌门人及内部员工的采访详细阐释了乐城的经验	**零售：把客流变成购买力** 丁昀　著	通过大量的实际案例对中国零售业态的升级转型之路提出思考
餐饮新营销 杨勇　程绍珊　著	聚焦餐饮企业转型，系统的餐饮企业营销管理体系	**电影院的下一个黄金十年** 李保煜　著	介绍了中国电影产业的运作模式及电影院的开发、设计思路
餐饮企业经营策略第一书 吴坚　著	阐述餐饮企业产品之道、市场之道、顾客之道及盈利之道	**赚不赚钱靠店长，从懂管理到会经营** 孙彩军　著	注重专卖店的经营思路拓展，门店管理细节方面能力提升
时装买手自学通 范敏娜　编著	从流行趋势调研、商品企划、采购渠道、数据管理到店铺销售等时装买手需要具备的能力与操盘技巧	**美容院/养生馆高盈利经营模式** 陈鹏飞　著	5 步实现店铺高盈利方法与策略
农牧业			
一、农资			
饲料营销有方法 陈石平　著	饲料营销的 7 大核心命题	**农资营销实战全指导** 张博　著	在农资市场行之有效的营销策略和工具
新农资如何弯道超车 刘祖轲　著	农业产业化、互联网转型、行业营销与经营突破		
二、农牧企业			
中国牧场管理实战 黄剑黎　著	对牧场管理标准、管理制度、操作规程做出剖析和指引	**中小农业企业品牌战法** 韩旭　著	农业企业需要全产业链视野，更需要品牌实战方法
变局下的农牧企业 9 大成长策略 彭志雄　著	为农牧企业量身打造了 9 个立足现在、展望未来的成长策略	**农产品营销实战第一书** 胡浪球　著	针对 33 个农产品营销的核心问题提供具体招数
农产品全网营销 吴之　著	帮助全国农业合作社、家庭农场打造农产品品牌		

续表

地产·汽车			
书名	内容	书名	内容
一、地产			
中国城市群房地产投资策略 吕俊博　刘宏　著	挖掘主要城市群的现状特征、发展因子、演化趋势、竞争关系等，给出分析建议	**产业园区/产业地产：规划、招商、实战运营** 阎立忠　著	从认知、规划、招商、运营四方面系统解读产业园区的建设精要和运营技巧
人文商业地产策划 戴欣明　著	"全球化视野（创意）"+"人文+"思维	**产业园区/产业地产2：系统化经营与操盘攻略** 阎立忠　著	全方位系统解析产业园区运营策略
从零开始打造产业园区 刘晓君　著	全流程，系统化，注重细节，多角度教你打造产业园区		
二、汽车			
书名	内容	书名	内容
商用车经销商运营实战 杜建君　著	对商用车经销商的经营与管理、4S店运营做了全方面的系统总结	**汽车配件这样卖** 俞士耀　著	适合轮胎、机油、维修、快保、美容、洗车等汽车服务业态销售实操办法
润滑油销售：这样说，这样做更有效 张金荣　著	总结润滑油销售面对三大客户常遇到的200余个营销问题解决方法	**润滑油品牌营销** 张金荣　著	没有说教，只有方法，适合小微企业、代工品牌、经销商、营销人阅读
投资理财·收购资本			
交易心理分析 马克·道格拉斯【美】　著	一语道破赢家的思考方式，并提供了具体的训练方法	**财报背后的投资机会** 蒋豹　著	零基础轻松掌握财务报表的相关知识，快速入门
写给企业家的公司与家庭财务规划 周荣辉　著	以企业的发展周期为主线，介绍各阶段企业与企业主家庭的财务规划	**分股合心** 段磊　周剑　著	围绕股权激励，详细介绍相关知识和实行方法
成功并购300问 浩德并购军师联盟　著	系统学习资本运作和企业并购知识的金融工具书	**并购名著阅读指南** 叶兴平　著	从全球5000多本并购图书中精选200本并进行评价
避开股权合伙这些坑 苏雯静　著	根据创始合伙人、外部合伙人、内部合伙人等方面的实际案例做归纳和梳理	**产业并购操盘手** 张军杰　著	15个案例，11个范本，38个图表，拿来即用

续表

书名	内容	书名	内容
科创板 IPO 上市全流程指导 丁先云　刘海旭　著	不仅有各项制度的深入剖析，更有各种问题和解决方案的详细论述，配合案例，轻松操作		
阿米巴			
阿米巴经营的中国模式 李志华　著	基于阿米巴经典理念提出了适合中国本土的员工自主经营的“1532”模型	**集团化企业阿米巴实战案例** 初勇钢　著	作者在某酒厂推行阿米巴经营模式的心得
中国式阿米巴落地实践之激活组织 胡八一　著	划分原则、裂变与整合、组织管控、重新定位、巴长竞聘和组阁	**中国式阿米巴落地实践之从交付到交易** 胡八一　著	从6个方面阐述经营会计，从交付到交易是成功实施阿米巴的标志
中国式阿米巴落地实践之持续盈利 胡八一　著	企业做成平台、平台做成阿米巴、阿米巴做成合伙制		
人力资源管理			
一、绩效·薪酬			
回归本源看绩效 孙波　著	从目的和概念帮助企业梳理绩效管理与经营的关系	**走出薪酬管理误区** 全怀周　著	从7个常见的薪酬误区入手为企业提供一套系统解决方法
曹子祥教你做绩效管理 曹子祥　著	作者核心授课课程的还原，掌握绩效管理的核心内容	**曹子祥教你做激励性薪酬设计** 曹子祥　著	作者28年咨询经验总结，如何进行科学的薪酬体系设计
把招聘做到极致 远鸣　著	资深招聘经理多年工作心得的提炼	**把招聘做到极致2：灰度招聘全攻略** 黄渊明　李佳倩　著	从实战需求出发，兼容并包各种优秀的招聘理论、方法、经验与工具，并进行创新性的应用
二、招聘·面试·培训			
把面试做到极致 孟广桥　著	一套实用的确定岗位招聘标准，提升面试官技能方法	**世界500强资深培训经理人教你做培训管理** 陈锐　著	构建培训体系、培训组织、培训文化、开发培训资源，教你做培训管理
把猎头做到极致 李佳倩　黄渊明　著	帮助猎头顾问从平庸走向优秀	**招聘面试：用提问得到真相** 陈硕　著	十二年资深HR招聘面试经验分享，教你学会如何提问

续表

书名	内容	书名	内容
人才评价中心漫画版 邢雷　著	用漫画形式写成的人才测评专业书籍		
三、HR 高管·劳动法			
经营型 HRD 黄渊明　著	总结企业 HRD 如何支撑企业经营，抓好七件关键事情	人才供应链：实现高绩效均衡的人才管理模式 许锋　著	打造人才供应链的四大支柱、十项修炼的完整体系
新任 HR 高管如何从 0 到 1 新海　著	到互联网创业型企业担任 HRVP，从 0 到 1 建立较完善的 HR 体系	人力资源体系与 e - HR 信息化建设 刘书生　陈莹 王美佳　著	6 大框架、28 个关注点、5 大目标、6 大优势、166 个交付物咨询体系和盘托出
集团化人力资源管理实践 李小勇　著	针对集团型企业人力资源管理的问题提出科学建议	我的人力资源管理笔记 张伟　著	第三方咨询视角跳出"技术方法"看人力资源管理
人力资源的 5 分钟劳动法 李皓楠　著	入职管理、在职管理、离职管理中遇到的劳动法问题及应对	海外人力资源管理：帮企业成功"走出去" 黄渊明　著	弥补了中国企业海外人力资源管理实践体系建设的空白，具有开创性意义
从零开始学：胜任力模型建模与应用 林丽萍　著	手把手教你做胜任力建模，并通过大量的企业案例拆解介绍模型在各个方面的落地应用	上市公司总经理助理工作笔记 黄娜　著	40 个案例，教你从小白助理到资深总助
用好任职资格体系 杨序国　著	以某企业为案例，系统地介绍了企业 HR 如何通过任职资格体系帮助员工成长	胜任力模型咨询笔记 韩文卿　著	吸取和总结了世界 500 强企业的胜任力模型搭建体系和方法
四、HRBP			
HRBP 是这样炼成的之菜鸟起飞 黄渊明　著	作者在初步转型 HRBP 两年时间里摸索实践的亲身经历与总结	HRBP 是这样炼成的之中级修炼 黄渊明　著	结合作者亲身从事 HRBP 的工作经历，总结 HRBP 的作战故事
HRBP 高级修炼 黄渊明　著	故事方式，HRD 角度深度呈现运用 HRBP 的思维、方法		
企业文化			
企业文化落地本土实践 王祥伍　著	华夏基石"知信行"模型描绘企业文化落地路线图	企业文化的逻辑 王祥伍　著	从文化起源深刻剖析文化、效率、企业、企业文化联系

续表

书名	内容	书名	内容
企业文化定位·落地一本通 王明胤　著	企业文化理念传播和落地聚焦的17种方法，解读了近100个实战案例	**36个拿来就用的企业文化建设工具** 海融心胜　著	汇集整理了36个通用的企业文化实践工具
企业文化激活沟通 宋杼宸　安琪　著	系统阐述沟通与企业文化的关系，给予企业提升沟通效能的企业文化解决方案	**企业文化建设超级漫画版** 邢雷　著	用漫画形式写成的企业文化建设专业书籍，理论体系和29个具体的操作方法
在组织中绽放自我 朱仁建　著	个人与组织之间的关系，文化对组织化形成的影响	**用企业文化提升经营绩效** 彭剑锋　尚艳玲　主编	企业要想在竞争中利于不败之地，就不能没有能打胜仗的企业文化与领导力
流程管理			
营销·研发·供应链业务架构与流程管理 谭勋晖　著	营销、研发、供应链三大业务流程变革实践经验总结	**打造集成供应链** 王春强　著	第一用力在"集成"上，梳理内外部相关模块及其依赖关系
人人都要懂流程 金国华　余雅丽　著	50幅流程管理漫画，内部对流程价值理念的高度共识	**用流程解放管理者** 张国祥　著	8个板块构成，共66篇文章，14幅流程管理图
用流程解放管理者2 张国祥　著	对中小企业规范化流程管理进行系统的阐述	**跟我们学建流程体系** 陈立云　罗均丽　著	在《跟我们做流程管理》的基础上丰富了标杆实践案例
质量管理			
16949质量管理体系落地与全套文件汇编 谭洪华　著	对IATF16949每个条款讲解采用理解、作用、落地、模板、成功案例模块解析	**ISO9001：2015制造业文件模板全集** 贺红喜　著	五篇内容组成的完整的质量管理体系工具文件
精益质量管理实战工具 贺小林　著	四个方面对精益质量管理进行了全方位介绍和解读，并提供大量的方法工具	**五大质量工具详解及运用案例** 谭洪华　著	APQP、FMEA、MSA、SPC、PPAP五大质量工具的具体运用
IATF16949质量管理体系详解与案例文件汇编 谭洪华　著	针对IATF16949的标准原文做详细解说，同时提供大量的表单案例	**SA8000：2014社会责任体系认证实战** 吕林　著	将SA8000多版本及10多年的体系实战经验汇编成书
ISO9001：2015新版质量管理体系解读与案例文件汇编 谭洪华　著	对ISO9001：2015新版标准理解和运用操作进行详细解读	**ISO14001：2015新版环境管理体系解读与案例文件汇编** 谭洪华　著	ISO14001：2015改版后的差别和操作运用进行详细讲解

续表

书名	内容	书名	内容
我在世界500强做供应商质量管理 宋华　著	分享汽车行业成熟的供应商质量管理体系和方法，都是作者的亲身经历	ISO45001职业健康安全管理体系落地+全套案例文件 谭洪华　著	每个条款清晰讲解，内容完全落地，轻松运用
五大质量工具之FMEA（2019第五版）详解及运用落地 谭洪华　著	对2019年6月修订的第五版FMEA标准进行详解，提供落地操作方法和全部案例文件，可直接套用		
精益生产			
一、精益·JIT·IE			
精益思维：超越对手的力量 刘承元　著	以尊重人性的精益思想为切入点，分别从管理者的精益理念、精益思维、精益实践、精益中国制造等方面进行独到的分析	比日本工厂更高效 刘承元　著	管理提升无极限+超强经营力+精益改善里的成功实践
计划与物流精益改善之道 于晓光　著	围绕"计划与物流战略咨询的方法论"进行解析，提供方法论和案例	300张现场图看懂精益5S 乐涛　著	通过日本丰田、上市企业案例，用300张现场图系统讲解5S管理
3A顾问精益实践1：IE与效率提升 党新民　苏迎斌 蓝旭日　著	系统、全面地介绍IE工厂管理技术，提高效率创造价值	3A顾问精益实践2：JIT与精益改善 肖智军　党新民　著	系统、全面地介绍JIT生产方式，并加入实践案例
高员工流失率下的精益生产 余伟辉　著	从三方面论述推行精益管理时如何应对员工流失	让员工爱上6S管理 肖智军　著	提供了众多企业的原版资料、案例，还汇集了一些企业骨干的推行感想、感悟及反思
200张图表学精益管理：IE工厂效率提升方法 刘秀堂　著	IE工程师视角，全是一线经验。精益落地的实操方法，大量图表工具让你上手就能做		
二、生产管理			
化工企业工艺安全管理实操 黄娜　著	围绕化工工艺安全14要素来展开分析	手把手教你做专业生产经理 黄娜　著	生产经理如何在信息流、物流、资金流三大流中开展工作

续表

书名	内容	书名	内容
欧博心法：好工厂靠管理 曾伟　著	从管人篇和管事篇帮助读者解决人难管、事难控	**欧博工厂案例 1：生产计划管控对话录** 曾伟　曾子豪　著	工厂管理生产计划管控模块的 8 个全景细节大案例
欧博工厂案例 2：品质技术改善对话录 曾伟　曾子豪　著	工厂管理品质、技术、效率管理模块的 10 个全景细节大案例	**欧博工厂案例 3：员工执行力提升对话录** 曾伟　曾子豪　著	工厂管理人员管控模块的 5 个全景细节大案例
工厂管理实战工具 曾伟　著	中国传统文化指导下的工厂管理工具	**制造业成本倍减 42 法** 王天江　著	42 种经过实际验证有效的成本降低方法，用 61 个真实案例说明
制造企业上 10 亿其实并不难 杨小林　著	年产值 1 亿 ~10 亿元中小制造企业在工厂经营和管理上的业务指导		
三、班组长			
全能型班组：城市能源互联网与电力班组升级 国网天津电力公司	从互联网时期的班组转型升级出发，对新型班组组织模式和运行机制进行设想	**国网天津电力全能型班组建设实务** 国网天津电力公司	聚焦天津电力公司在探索全能型班组转型升级时的优秀实践
咨询·培训师			
培训师事业长青之道 廖信琳　著	培训师自我管理的“洋葱模型”、十项内容与五个层级	**管理咨询师的第一本书** 熊亚柱　著	深度剖析初级入行咨询师在工作中遇到的问题
资深管理咨询顾问工作心得 张国祥　著	使用手册讲述咨询师如何操作项目、老板如何选择咨询师、企业如何自主落地	**手把手教你做顶尖企业内训师** 熊亚柱　著	从开、控、收、编、制、用的角度去履行培训师的职责
TTT 培训师精进三部曲上 廖信林　著	手把手教你“深度改善现场培训效果”的一招一式	**TTT 培训师精进三部曲中** 廖信林　著	建构一整套培训课程设计与开发的认知架构和方法体系
TTT 培训师精进三部曲下 廖信林　著	通过“沉淀职业功力的六度模型”，帮助培训师在职业技能上持续精进		

续表

产品·研发			
书名	内容	书名	内容
研发体系改进之道 靖爽　陈年根 马鸣明　著	取材数十家企业研发改进的咨询实践，提炼一套实操的改进步骤与工具	新产品开发管理，就用 IPD（升级版） 郭富才　著	把产品经营的思想凝结在新产品开发管理机制中，升级版更丰富
产品开发管理：方法·流程·工具 任彭枞　著	结合超过 300 家企业的实际研发管理方法，总结问题和方法，大量表格	资深项目经理这样做新产品开发管理 秦海林　著	采用过程管理方法，对新产品开发的四大过程进行分析，主要针对小电器产品
产品炼金术Ⅰ：如何打造畅销产品 史贤龙　著	打造畅销产品的四个方法	产品炼金术Ⅱ：如何用产品驱动企业成长 史贤龙　著	从经营者视角重新认识产品，快速诊断产品现状
快消品产品开发方法：打造快消爆品 张荣举　著	提供整套实战性的思维、方法、技能和工具，直接带有表格及公式，一看就能上手		